LA BELLEZA DE TU SER INTERIOR

LA BELLEZA DE TU SER INTERIOR
CONÓCETE

SOL JIMÉNEZ ROZO

Nota a los lectores: Esta publicación contiene las opiniones e ideas de su autor. Su intención es ofrecer material útil e informativo sobre el tema tratado. Las estrategias señaladas en este libro pueden no ser apropiadas para todos los individuos y no se garantiza que produzca ningún resultado en particular. Este libro se vende bajo el supuesto de que ni el autor, ni el editor, ni la imprenta se dedican a prestar asesoría o servicios profesionales legales, financieros, de contaduría, psicología u otros. El lector deberá consultar a un profesional capacitado antes de adoptar las sugerencias de este, la integridad de la información o referencias incluidas aquí. Tanto el autor, como el editor, la imprenta y todas las partes implicadas en el diseño de portada y distribución, niegan específicamente cualquier responsabilidad por obligaciones, pérdidas o riesgos, personales o de otro tipo, en que se incurra como consecuencia, directa o indirecta, del uso y aplicación de cualquier contenido del libro.

Este libro no podrá ser reproducido, ni total ni parcialmente, sin previo permiso escrito del autor. Todos los derechos reservados.

Título: *La belleza de tu ser interior*
© 2018, Sol Jiménez

Autoedición y Diseño: 2018, Sol Jiménez
Primera edición: diciembre de 2018
ISBN-13: 978-84-17781-19-4

La publicación de esta obra puede estar sujeta a futuras correcciones y ampliaciones por parte del autor, así como son de su responsabilidad las opiniones que en ella se exponen.

Quedan prohibidas, dentro de los límites establecidos por la ley y bajo las prevenciones legalmente previstas, la reproducción total o parcial de esta obra por cualquier medio o procedimiento, ya sea electrónico o mecánico, el tratamiento informático, el alquiler o cualquier forma de cesión de la obra sin autorización escrita de los titulares de copyright.

ÍNDICE

AGRADECIMIENTOS 9
INTRODUCCIÓN 11
LA BELLEZA DE TU SER INTERIOR 13
VENCE EL VICTIMISMO 19
ROMPIENDO PATRONES 27
NO BUSQUES FUERA LO QUE EXISTE DENTRO DE TI 33
PAZ EN LA TORMENTA 43
2 PASOS PARA TOMAR ACCIÓN 51
MÉTODOS PARA EL DESARROLLO PERSONAL 57
CÓMO SABER SI TIENES UNA RELACIÓN
SANA CON TU PAREJA 69
EL PODER DE LA MEDITACIÓN 83
CUANDO TÚ CAMBIAS TODO CAMBIA 97
CÓMO CONECTAR CON TU SER SUPERIOR 115
LO QUE SUCEDE CON TUS PALABRAS 121
SABIDURÍA Y CONOCIMIENTO 127

AGRADECIMIENTOS

Agradezco siempre a Dios primero que todo por permitirme continuar mi Segundo libro, poniendo toda la inspiración en mí.

A mis amigos más allegados, que ellos saben quiénes son.

A Iain García Calvo, mi mentor. Millones de gracias por ayudarme a hacer posible mi sueño y el anhelo de mi alma.

A mis hijos Santiago y Daniel porque lo son todo en mi vida, a mi hermana Heydi por estar siempre en los buenos y malos momentos junto a mí, a mi sobrinita Nicolle Burbano, que es la hija que nunca tuve y, por supuesto, a mis padres Noemí y José.

A mi tía Aura Rozo, mi ángel que me cuida desde el cielo y que sé que está orgullosa de mí.

A mi pareja, que me apoyó en todo este camino, Florencio Reyes, quien me recuerda día a día que todo es posible cuando se hace desde el amor.

Y a ti, amado lector, te dedico este libro , y por estar conmigo en cada página y por ayudarme a cumplir con mi propósito de vida que eres tú.

GRACIAS, GRACIAS, GRACIAS.

INTRODUCCIÓN

«Pacientemente espera en Jehová y se incline a mí y oyó mi clamor y me hizo sacar del pozo de la desesperación del lodo senagozo, puso mis pies sobre peña, y enderezó mis pasos».

SALMO 40: 1 Y 2

LA BELLEZA DE TU SER INTERIOR

Quiero agradecerte, mi amado lector, por estar conmigo de nuevo compartiendo parte de mi conocimiento y lo que me llevó a salir del victimismo y hacerme 100% responsable de mi vida, y ese momento en que todo cambió.

Quiero contarte cómo fue todo este proceso y todo lo que primero aconteció y lo que me estaba llevando a estar sumergida en la pobreza, la codependencia, la angustia, la soledad y la depresión.

Pero déjame decirte que absolutamente todo tiene solución cuando te haces responsable de tu vida y dejas de culpar al mundo. Después de que seas consciente de esto, todo empieza a cambiar en tu vida.

Yo estuve igual que tú, y en el peor momento de mi vida, enfrenté el victimismo y lo vencí. Te prometo que todo empezó a ir diferente, mi vida económica, mi parte emocional y las relaciones mejoraron un 100%.

Ya no soy nada de lo que era antes y no me rodea nada de lo que me rodeaba antes. Puedo decirte que tengo amistades con una alta autoestima, con resultados sorprendentes económicos, y mi relación conmigo misma es increíble, eso quiere decir que del mismo modo mi relación con DIOS es excelente.

Te contaré todo, cómo era mi vida y lo que pasaba día a día, y cómo después de tomar una decisión todo cambió.

Empecé a tener los momentos más difíciles de mi vida, todo parecía estar revolucionando.

Me quedé sin trabajo, había perdido todo mi dinero y mis ahorros en un tren y las personas que me debían no me pagaban de la misma forma que yo les puse el dinero en sus manos para algunas inversiones, las cuales nunca dieron resultados.

Mi hogar empezó a desmoronarse y parecía que yo fuera la única causante de esa situación.

Como en ese entonces yo era una persona codependiente afectiva, atraía solo parejas que llegaban a acomodarse y sacar beneficio hasta que yo caía, entonces salían corriendo, huyendo de cualquier cosa que los comprometiera.

Ese fue mi caso. Mientras estuve bien económicamente todo iba bien con mi expareja, pero en cuanto todo terminó, jamás tuve el respaldo de él y usó todas las excusas para salir de la casa y apartarse del problema que todos atravesábamos.

Todo empezó a juntarse, parecía que mi mundo empezaba a desmoronarse. Tuve que tomar la decisión de mandar a mi hijo Daniel a Colombia a vivir con su padre, porque llegó el día que no teníamos ni para comer en casa.

No fue fácil verlo partir de México a Colombia, ya que nunca nos habíamos separado.

Fue un momento muy difícil como madre, y luego ver que no podía reinscribir a Santiago, mi otro hijo, en la Universidad para que continuara con su 3 semestre de medicina. Fue algo que también me partía el alma.

Se había acabado mi relación, había tenido que enviar a mi hijo pequeño a Colombia con su padre y separarlo de mi lado y de su hermano, y enviarlo prácticamente a un mundo nuevo para él, y con una familia que nunca había compartido. Era todo desconocido para él.

Se acabó todo lo que tenía en casa y ya no tenía ni para pagar la renta de mi casa. Mi mascotita enfermó y no teníamos dinero para llevarla al doctor.

Todo empezó a caer como una torre de dominó que se cae.

La depresión, la angustia, el duelo de la ruptura con mi expareja, las humillaciones que él me hacía pasar como parte de su venganza, la presión de los bancos cobrándome todos los días las tarjetas de crédito y las deudas me alcanzaban en todo momento.

Escuchar por el teléfono a mi niño llorar y decirme... mamita, no quiero estar aquí, llévame contigo a casa, eso me hacía partirme en mil pedazos mi alma. La culpa, el dolor, la angustia, el desespero y la frustración empezaron a acabar conmigo.

Empecé a buscar de nuevo el licor, y caí una vez más en el alcoholismo.

Me sentía cada vez más sola y más perdida.

Tomé la decisión de pararme y tomar una decisión.

Irme a Panamá a buscar oportunidades de trabajo y enfocarme en mi crecimiento personal y espiritual.

Estaba cansada de sufrir y de no entender qué era lo que estaba pasando en mi vida y qué era todo eso que estaba atrayendo a mí que me estaba causando todo ese dolor y pérdida.

Sentía que de algún modo yo había atraído todo eso y tenía que descubrir por qué.

Le entregué todos mis muebles a mi hermana Heydi que se acababa de mudar de Colombia a México, y estaba justo comprando muebles para su apartamento donde viviría.

Pensé en la posibilidad de que ella se quedara con mi hijo Santiago para yo poder ir a abrirme camino en Panamá y empezar de cero para poder volver a levantar y poder unir mi familia de nuevo.

Hicimos ese trato con mi hermana, y le entregué a mi otro hijo.

Entregué la casa que rentaba y empaqué dos maletas con ropa y zapatos, mi pasaporte, y completé para mi pasaje y salí rumbo a Panamá.

Tenía mucho miedo y el dolor en el alma de ver a mi familia separada, y encima la ruptura con mi expareja, mientras el presumía de tener una vida feliz con su nueva pareja y también presumía de que su situación económica iba de maravilla.

Esos eran los mensajes que me enviaba cuando yo sentía quedarme sin aire por la situación que atravesaba.

Tomé el avión que me llevaría a Panamá en busca de soluciones y de encontrar mi camino y por fin poder crecer en medio de mi dolor y derrota.

Llegué a un hostal donde el grado del calor era exagerado, y una habitación con dos camas pequeñas y una mesa en el centro. El cuarto era estrecho e incómodo y tenía que compartir el baño con toda la gente del hostal.

No tenía más opción que acomodarme a lo que yo había elegido.

En cuanto solté las maletas me eché a llorar como una niña Chiquita, no podía contener el llanto, me dolía el corazón, extrañaba mi casa, mis hijos, mi pareja, mis comodidades y hasta a mi mascotita.

En qué momento me había quedado sin nada, en qué momento todo lo que había construido se había derrumbado, qué era o qué había causado en mí todos esos resultados que se estaban viendo materializados.

Sabía que algo había dentro de mí que había atraído toda esa situación y era momento de hacerme responsable y dejar de victimizarme y tomar las riendas de mi vida.

Todo había terminado y tenía que empezar mi nueva vida una vez más desde cero y con todo el dolor que traía en el alma.

La ansiedad, el miedo, la preocupación, la rabia y el dolor de ver toda mi situación me estaban paralizando.

Así que empecé a tomar acción.

Me hice 100% responsable de todo lo que había pasado y comprendí que había estado viviendo en el victimismo toda mi vida y culpando a todo el mundo de lo que me pasaba, pero la verdad era que yo había construido mi propia realidad por medio de mis pensamientos y miedos y se había materializado absolutamente todo lo que temía.

En ese instante todo cambió.

VENCE EL VICTIMISMO

Después de padecer tanto el victimismo, y consumirme en el dolor y de torturarme tanto con mis penas, una noche a solas con Dios tomé una decisión, y fue vencer al victimismo.

El primer paso fue la indagación personal.

Los pensamientos en particular y cuáles eran esos pensamientos que llegan a nuestro ser sin que incluso los hayamos convocado.

Por ejemplo, esos pensamientos que te dicen qué es lo que te gusta y qué no, o el esto debería ser así y no como está sucediendo, y quedas sujeto al no voy a poder o no podré cambiar las circunstancias.

Bajo esta denominación, podemos incluir todas las figuras restrictivas del desarrollo de las capacidades humanas. Lo que denominamos entonces la cultura del victimismo que nos lleva paulatinamente a un estado de queja o a un estado de disputa y comparación donde la única forma que tienes de evaluarte a ti mismo y en tu propio desempeño es observando a otros y tratando de ver de qué manera en esa comparación puedes sacar ventaja.

En cambio de ir al encuentro de la potencialidad única e irrepetible que tenemos para manifestarlas de un modo realmente convincente.

La persona vencedora se hace cargo de su situación, de lo que es y de lo que corresponde la situación en la que se encuentra de desarrollo humano.

Y si te haces parte del problema entonces también debes hacerte parte de la solución y desde esa posición empieza el aporte a la resolución de los conflictos internos que te llevaron a caer en el victimismo.

Debes concienciarte y evaluar qué precio estás pagando por ser lo que eres y dejar de serlo y convertirte en quien realmente viniste a ser.

El precio que pagas cuando decides ser víctima es el sufrimiento y creemos muchas veces que es válido sufrir, que no hay otras circunstancias, que no se puede cambiar el entorno y que no se pueden cambiar las condiciones.

Haz que tu participación en la situación que atravieses comience a ser un factor determinante más que condicionante, porque las circunstancias te condicionan y ahora tú puedes determinar el curso de los acontecimientos.

Entonces para dejar de lado el victimismo y salir vencedor es necesario dejar la mediocridad y ser determinante en tus decisiones y hacerte responsable 100% de tu situación y cambiar tus pensamientos y tus viejas creencias, y dejar de hacer lo que te satisface y hacer lo que te corresponde hacer y lo que te lleva a los actos del bien.

Si sientes que la vida es injusta y piensas que te tratan mal las personas, entonces es probable que tengas una mentalidad de víctima, la cual consiste en un tipo de pensamiento que hace que sientas infelicidad en la vida y creas que no puedes hacer nada para cambiarlo.

La vida no siempre es como deseas, pero eso no quiere decir que debas caer en el victimismo.

Si modificas tu manera de pensar y de comportamiento, podrás dejar de sentirte como una víctima y empezar a fluir en un ambiente de más seguridad y felicidad.

Cada vez que creas que todo lo que te pasa es injusto y te hace sufrir, estás en el paradigma de la víctima.

Esto significa que crees que las circunstancias externas dominan tu potencial interior, y que no tienes los recursos y las capacidades para transformar o solucionar esa parte de tu historia, de tu única e individual historia.

Muchos coinciden en afirmar con relación a una experiencia vivida, que el 20% es lo que realmente pasa y el 80% restante es la interpretación que se hace frente a ese hecho.

En eso radica la diferencia entre la percepción de una persona y otra.

También depende de la actitud con la que asumas la vida, si te haces cargo de tus decisiones y actitudes o te posicionas en el rol de víctima en donde todo lo malo te pasa a ti.

Sentirte víctima es una forma bastante habitual que se usa para manejar la ira y el enojo y esto crea sentimientos negativos y perjudiciales.

Pero afortunadamente la buena noticia es que es posible adoptar ciertos comportamientos, para dejar de sentirte una víctima y tomar el control.

Muchas personas adoptan el papel de víctima de forma involuntaria porque tienen miedo de su propia ira, incluso niegan su existencia y anticipan el daño que les pueden causar.

Con esta expectativa en la mente y una alta sensibilidad a la ira en los demás, se distorsionan las expresiones o actitudes de otros llegando a pensar que tienen otras intensiones diferentes a las que realmente son.

Afortunadamente hay maneras de cambiar la posición de víctima, la cual se caracteriza por ser una actitud vacía y un comportamiento basado en el poder negativo, entonces hay que mirar hacia una posición fuerte y decisiva caracterizada por el victimismo activo y el poder personal.

En este sendero hay que identificar los pensamientos poco armoniosos que promueven el sentimiento de víctima.

El primer paso es comprometerte con una forma de comportamiento que te permita tomar las medidas necesarias para desarrollar otro enfoque de la realidad.

Cuando digo enfoque me refiero a qué es lo que te permite enfrentar ira e insatisfacción.

Ser víctima es una manera clara del escapismo, y lo contrario del escape es el enfrentamiento. Y lo ideal es establecer un enfrentamiento sano y equilibrado y de toma de conciencia sobre la existencia de otras verdades y otras razones, lo que reducirá en la nueva versión de la realidad que deseas experimentar.

La ira es una respuesta emocional, simple e irracional a la frustración.

El grado de ira es proporcional al grado de la frustración y se sienten víctimas de la situación y se atascan en ese sentir. La consecuencia inmediata es el alejamiento de los demás y una soledad que puede colindar con la depresión.

El comienzo para dejar el victimismo de nuestro ser interior es descubrir una mirada de los hechos diferente.

De allí la importancia de recibir el papel de nuevo observador.

El observador espiritual o cuántico.

Como prefieras denominarlo está en ti y solo en ti.

Te daré la voluntad necesaria que para establecer otro tipo de comunicación, con tus experiencias podrás tomar responsabilidad total sobre tus sentimientos y adoptarás acciones para explorar alternativas.

Dejar de ser víctima es valorar quien tú realmente eres, saber cuál es tu esencia y trascender la ilusión de lo material, es decir, trascender lo que tus limitados sentidos físicos han dictaminado como realidad.

La adopción de medidas para cambiar las situaciones con las que eres infeliz es justo lo contrario a ser una víctima, porque se tiene la oportunidad de hacer algo para transformar sin responsabilizar a nadie ni a nada.

Entonces reconocer la ira como parte fundamental de la propia naturaleza y saber identificarla hace que la persona pueda ser capaz de elegir su forma de expresar su enfado y hacer que esta expresión se vuelva más constructiva, más ética y más equilibrada y con sus intereses y metas más llenos de optimismo.

Cuando culpamos a otros por nuestros problemas, abandonamos nuestro poder y debilitamos nuestras fuerzas creativas. Cuando culpas a otros de tus problemas te estás rindiendo frente a otras soluciones, lo cual produce entre otras cosas sentirse totalmente desprotegido.

Al culpar a otros estamos esperando que ellos se hagan responsables de nuestra felicidad y hacerlos sentir bien en uno o varios aspectos de la vida, porque te debilitas tú y le das poder a la otra persona.

La verdadera razón de nuestros problemas es el contraste, es decir, sin la oscuridad no sabríamos apreciar la luz y sin la tristeza no sabríamos apreciar la alegría.

Es el mensaje que grandes hombres de luz le dejaron al mundo, por ejemplo, Jesús, Buda, Gandhi entre otros.

No somos víctimas de nuestros problemas, más bien nuestros problemas son nuestras herramientas a partir de las cuales podemos crear nuevas experiencias.

Ten en cuenta que el mundo no te debe nada, si piensas que tienes derecho a algo o que el mundo te debe algo bueno, te engañarás al no conseguirlo y esto por supuesto te causará furia y sentimientos de abandono.

Hazte responsable de tus sentimientos y acciones.

No eres un espectador inútil en tu vida, si hay una situación que te hace sentir infeliz o peor y puedes cambiarla, ¡hazlo ya! No lo dudes en ningún momento.

Si no puedes cambiarla, adáptate y modifica la manera en la que la optaste o modifica tu actitud.

Es bastante probable que con la situación que estés lidiando sea injusta o terrible, pero puedes emplear medidas constructivas para contrarrestar la obsesión pasiva de victimizarte.

Emplea entonces medidas constructivas para contrarrestar la obsesión pasiva de victimizarte.

Existen muchas herramientas en el área de la programación neurolingüística y el coach dirigido que te ayudarán a que te desprendas de tu papel de víctima. Ellos te ayudarán a fijar límites claros, esto es una parte necesaria de una actitud asertiva, su objetivo consiste en brindarte protección y hacer que los demás tengan una idea clara de tu identidad y de lo que no vas a tolerar.

La necesidad de tener una actitud proactiva guarda relación con ello.

No puedes evitar algunas situaciones, pero si tienes una actitud proactiva, podrás obtener cierto control sobre las situaciones y abandonar entonces en sí el rol de víctima.

En definitiva, tú tienes el poder para hacer que todo cambie y tu mundo cambie, porque cuando tú cambias, todo tu alrededor cambia.

Recuerda que el sentimiento de víctima es un sentimiento muy cómodo y es un sentimiento que está ligado a la inmadurez emocional, y es como decirte siempre a ti mismo que la culpa la tienen los demás y pobre de mí.

Y ese sentimiento nunca te va a ayudar a crecer como persona, y vas a estar girando alrededor de la misma situación una y otra vez.

Por eso hay situaciones repetitivas en la vida de muchas personas que soportan violencia durante años por estar en el rol de víctimas y viven esperando que los demás cambien cuando realmente el cambio está en ti mismo y eres tú el que tienes que tomar una decisión en tu vida.

Eso es un salto cuántico que podemos decir que es salir del victimismo para empezar a decidir quién quieres ser con relación a esto.

El victimismo es una polaridad de una situación y que tú te quedas en esa polaridad. Cuanto más vives en esa polaridad y cuanto más te victimices, más victimarios habrá en tu vida, porque al final el campo cuántico o campo de la conciencia siempre está reafirmando. Cuando tú te posicionas y te reafirmas en ti mismo, obviamente te sanas y sales del rol de víctima y aparentemente empieza todo a **cambiar**, pero al final te das cuenta de que todo el cambio que tanto esperabas de los demás está dentro de ti, y cuando cambias tú y cuando decides quién quieres realmente ser, entonces todo lo que te rodea cambia, porque TÚ TIENES EL PODER.

ROMPIENDO PATRONES

Amado lector, quiero que sepas que, de alguna manera, todos adquirimos patrones en nuestro subconsciente que hacen que vivamos siempre lo mismo y atraigamos lo mismo a nuestras vidas una y otra vez de manera inconsciente todo aquello que no deseamos, y que nos lleva a tener una vida infeliz o frustrada, y a veces ignoramos que una de las claves son los patrones que adquirimos por nuestras vivencias y son ellos los que de alguna manera rigen en nuestra vida.

Entonces tenemos que aprender a romper esos patrones para que nuestra vida tenga un cambio radical, y todo vaya a nuestro favor.

El inconsciente es un almacenador de datos que guarda todo lo que percibimos a través de nuestros sentidos, nada se hace a elección y archiva todo lo que recibe.

Una vez que ingreses al dato, todo lo que oímos, vemos o sentimos, todo esto se separa en áreas, así como dividimos la información en el trabajo, con la pareja, los amigos, etc.

A partir de esto, se instalan en el consciente los mecanismos de defensa de ese patrón mental.

Los mecanismos de defensa tienen como función hacer que ese patrón se cumpla. Por ejemplo si nos dijeron muchas veces que somos torpes, vamos a tener un patrón mental que dice eso y a partir de ese momento los mecanismos de defensa nos van a hacer actuar como torpes.

Hay otra cosa más peligrosa aún, y es que los subconscientes de todos están unidos, entonces nos vamos a relacionar con aquellos que nos permitan cumplir con nuestros patrones mentales.

Si estuviéramos convencidos de que somos feos, y alguien nos dijera que somos hermosos, primero creeríamos que se están burlando de nosotros, y si insisten, nos enojamos, y si vuelven a insistir, seguramente nos alejamos de ese ser.

Después, analizando el hecho que no nos explicaríamos por qué. Si lo que nos han dicho era bueno y no nos había hecho ningún daño, pero no podemos comprender nuestro enojo, el caso es que al ingresar una información contraria al patrón mental, se activan los mecanismos de defensa de este y nos llevan a alejarnos de todo aquello que no concuerda con nuestro Sistema mental.

Todos los seres que nos rodean tienen nuestros mismos patrones mentales, de otra manera no podríamos convivir.

Tengamos en cuenta que solo nos acercamos a aquellos que nos permitan cumplir con nuestros patrones mentales, y se deduce fácilmente que todas nuestras circunstancias están formadas de acuerdo a lo que tiene nuestro subconsciente.

Nos conectamos con los seres que nos rodean mediante nuestros patrones y vivimos retroalimentándonos.

Una persona con un patrón de inseguridad llama la atención con aquellas actitudes que despiertan la agresividad del otro y luego pasa a ser víctima. Y el Verdugo con el mismo patrón de inseguridad se cubre con mecanismos de agresión o dureza que lo hacen sentir fuerte.

Esto significa que los dos tienen el mismo patrón mental y solo cambian los mecanismos de defensa, y son estos los que permiten convivir entre sí.

Si uno de estos seres cambia, con seguridad su patrón corta la retroalimentación y obliga al otro a mejorar el suyo.

Por eso, solo cuando nosotros cambiamos, mejora todo nuestro entorno. Cada ser con el que estemos conectados tiene nuestros mismos patrones, solo que con diferentes mecanismos de defensa.

Cármicamente son puestos en nuestros caminos para poder ver en el otro lo que tenemos que modificar y mejorar en nosotros mismos.

Si sabemos que todo entra en la mente subconsciente, cada vez que explicamos a otros qué cosas tienen que modificar, sin darnos cuenta de que realmente lo estamos aplicando para nosotros mismos también.

Sabiendo ya esto, tenemos dos tareas que realizar.

1- Es seleccionar desde el consciente toda la información que ingrese al subconsciente, y no permitiremos el ingreso de nada negativo, y cuando llegue a nosotros un detalle de algo que nos parezca poco positivo debemos inmediatamente afirmar. ESTO NO LO ACEPTO PARA MÍ NI PARA NADIE.

2- Introducir constantemente al consciente afirmaciones positivas pero sobre todo, las afirmaciones de cómo somos en realidad.

Vamos a hacerle entender a nuestro cerebro que somos lo que en verdad somos, y que nos lo creemos que somos.

Esta es base del trabajo. Vamos a ingresar afirmaciones que correspondan a la verdad de nuestro ser real hasta polarizar lo positivo en todos los patrones mentales negativos que tenemos.

Recuerda que todo lo que pensemos y creemos lo creamos.

Si a un niño le decimos que es torpe, primero piensa que puede ser torpe y luego cree que lo es y partir de ahí se crea un torpe.

Cuando emitimos un pensamiento, se desprende una masa de energía que tiene una calificación y es la que nosotros le dimos, y se dirige hacia donde nosotros la enviemos uniéndose por principio de atracción con energía igualmente calificada. Y más allá del hecho que pueda afectar a los demás o no, siempre está la energía por ley causa y efecto y vuelve a nosotros, y cuando vuelve trae todo el caudal energético necesario para que se cumpla lo que pensamos.

Las energías se atraen por vibraciones iguales, y si tenemos un patrón mental de inseguridad, por ejemplo, y afirmamos, pensamos o sentimos, ¡yo soy seguridad! Estamos emitiendo una energía calificada con seguridad y esta energía va dirigida a nosotros mismos y se va directa a buscar dentro de nosotros mismos.

Así es como podemos controlar nuestras emisiones negativas.

Para esto es muy eficaz una técnica mental, fácil y útil que se llama el buen pensamiento.

Un ejercicio muy bueno que te ayudará a romper patrones es llevar una libreta donde anotarás una emisión negativa que hagas, identificando el patrón que lo ocasiona.

Y este ejercicio cumple con dos finalidades:

1- Es hacerle entender a nuestro Sistema mental que poseemos patrones que nos hacen actuar de diferentes maneras, pero que estos no son nosotros, nosotros somos otra cosa.

2- Es tener claro cuántas emisiones negativas hacemos por día. Y como muchas de ellas son inconscientes y si no tenemos algún control, es imposible identificarlas.

Por eso anotarlas y tomar conciencia del total de emisiones que hacemos diariamente, automáticamente se eliminarán varias de ellas y solo van quedando poco a poco 2 o 3 emisiones diarias que corresponden a los patrones que vamos a trabajar.

NO BUSQUES FUERA LO QUE EXISTE DENTRO DE TI

«Amarse a sí mismo es el comienzo de un romance eterno».

OSCAR WAILD

El simple hecho de que existas ya te hace una persona maravillosa, valiosa y especial, así otros no compartan lo que piensan de sí mismos.

Uno de los mayores errores de la educación y de algunas culturas es darle más valor a lo que otros piensan de nosotros que lo que nosotros pensamos de nosotros mismos.

Es por eso que hay tantas parejas donde uno quiere opacar al otro. Y el otro se engancha con la opinión y se deja manipular, absorber y hasta castigar de su cónyuge. Así mismo hay directivas que utilizan a sus subalternos, maestros que acaban con la autoconfianza de sus estudiantes, amigos que influyen negativamente en nuestro entorno y padres que exterminan el autoestima de sus hijos a base de malos tratos, palabras hirientes y hasta golpes.

La enfermedad que está acabando hoy en día de manera rápida y trae infelicidad es no enamorarnos de nosotros mismos y dar crédito a quienes solo hablan para criticarnos y cortarnos las alas.

Quiero que revises cuáles son tus pensamientos de ti y respóndete qué opinión tienes de ti mismo.

Te recuerdo que los pensamientos tienen el poder de influir la mente, el cuerpo y las emociones, por lo tanto eres lo que piensas de ti.

Los pensamientos que sirven como alegría, felicidad, realización, logros, valoración generan entusiasmo, calma, bienestar, naturalidad, energía y amor.

Los pensamientos que no sirven como desvalorización, desconfianza, resentimiento y temor producen ansiedad, tensión, enfado y fatiga.

Lo bueno de todo esto es que los seres humanos nacimos con el libre albedrío y cada uno de nosotros elegimos qué queremos pensar y cómo queremos vivir.

Pero de acuerdo a algunas creencias vivimos culpando a otros de nuestra infelicidad y nos olvidamos de que los únicos responsables de todo lo que nos pasa somos nosotros mismos.

Alguien decía: nadie te puede hacer daño si tú no le das permiso.

Así mismo por alguna razón aprendemos a tener miedo, miedo a la soledad, miedo a la independencia, miedo a pedir, miedo a hacernos respetar, miedo a la crítica, y quienes nos infunden miedo y logran vendernos esa

NO BUSQUES FUERA LO QUE EXISTE DENTRO DE TI

«Amarse a sí mismo es el comienzo de un romance eterno».

OSCAR WAILD

El simple hecho de que existas ya te hace una persona maravillosa, valiosa y especial, así otros no compartan lo que piensan de sí mismos.

Uno de los mayores errores de la educación y de algunas culturas es darle más valor a lo que otros piensan de nosotros que lo que nosotros pensamos de nosotros mismos.

Es por eso que hay tantas parejas donde uno quiere opacar al otro. Y el otro se engancha con la opinión y se deja manipular, absorber y hasta castigar de su cónyuge. Así mismo hay directivas que utilizan a sus subalternos, maestros que acaban con la autoconfianza de sus estudiantes, amigos que influyen negativamente en nuestro entorno y padres que exterminan el autoestima de sus hijos a base de malos tratos, palabras hirientes y hasta golpes.

La enfermedad que está acabando hoy en día de manera rápida y trae infelicidad es no enamorarnos de nosotros mismos y dar crédito a quienes solo hablan para criticarnos y cortarnos las alas.

Quiero que revises cuáles son tus pensamientos de ti y respóndete qué opinión tienes de ti mismo.

Te recuerdo que los pensamientos tienen el poder de influir la mente, el cuerpo y las emociones, por lo tanto eres lo que piensas de ti.

Los pensamientos que sirven como alegría, felicidad, realización, logros, valoración generan entusiasmo, calma, bienestar, naturalidad, energía y amor.

Los pensamientos que no sirven como desvalorización, desconfianza, resentimiento y temor producen ansiedad, tensión, enfado y fatiga.

Lo bueno de todo esto es que los seres humanos nacimos con el libre albedrío y cada uno de nosotros elegimos qué queremos pensar y cómo queremos vivir.

Pero de acuerdo a algunas creencias vivimos culpando a otros de nuestra infelicidad y nos olvidamos de que los únicos responsables de todo lo que nos pasa somos nosotros mismos.

Alguien decía: nadie te puede hacer daño si tú no le das permiso.

Así mismo por alguna razón aprendemos a tener miedo, miedo a la soledad, miedo a la independencia, miedo a pedir, miedo a hacernos respetar, miedo a la crítica, y quienes nos infunden miedo y logran vendernos esa emoción nos manipulan y sacian su poder logrando que hagamos lo que ellos quieren, porque nos tienen atemorizados con alguna amenaza.

Yo creo que sí es posible ser libre, pero como decía Facundo Cabral: «somos libres cuando no tenemos qué cuidar y no estamos apegados a nada".

Piensa de qué o de quién dependes para decidir en tu vida, qué beneficios te trae el depender de la opinión de otros. Qué ganarías si tomas la decisión de ser feliz aun a costa de abandonar a aquellos que te han dicho que no lo puedes dejar.

Seguramente, no estamos preparados para vivir porque hay algo que caracteriza a la humanidad, es que se prepara para todo, menos para vivir feliz.

Nos preparan para aprender cosas terribles, para adquirir lujos, y nos pasamos buscando el amor de otros cuando ni siquiera hemos descubierto el amor en nosotros mismos.

Mi propuesta es que no solo te quedes con lo que piensas de ti, mi recomendación es que te sientes y que busques dentro de ti. Seguramente no podría describir con palabras todo lo que podrías encontrar en lo profundo de tu ser. Entra en intimidad contigo mismo y en silencio descubre que dentro de ti está Dios, y al estar Dios no tienes por qué sufrir y menos estar solo.

La soledad es un invento de la mente para preocuparte y la preocupación es la primera manifestación del ateísmo.

La vida es servicio y la felicidad viene en la proporción que servimos.

Por eso intenta ser consciente de cada acción, porque todo lo que hagas deja trazos.

Ámate mucho y grábate desde ahora que eres la persona más importante del universo, ve y mírate en el espejo de tu interior y haz un inventario de todas las cosas que Dios te dio, puedes ver, puedes escuchar, puedes pensar, puedes decidir y puedes cambiar tu vida en un instante. Pues todas esas son bendiciones.

Las dificultades y los tropiezos de la vida son bendiciones también porque te Maduran y te hacen sabio. Y recuerda que la felicidad del sabio no se basa en hechos materiales aun cuando usa todo lo que la naturaleza le ofrece, su felicidad.

Desafortunadamente le hemos dado importancia a lo terrenal, a todo lo que engendra conflicto y dolor, el verdadero valor se halla en el pensar correctamente y no se puede pensar correctamente sin el conocimiento propio, y el conocimiento propio nos llega cuando adquirimos plena conciencia de nosotros mismos.

Si ya eres consciente del valor que tienes y de lo que eres, no aceptarás de ahora en adelante sino lo mejor para ti, porque te lo mereces y ese mejor es una estrecha relación entre vivir y ser feliz.

Y si tienes problemas con tus ingresos no olvides que la sensación de abundancia puede alcanzarse cuando se superan el miedo y la preocupación. Mientras tengas la posibilidad de la creatividad.

Está todo por hacer. Debes saber que entre más creativo sea el pensamiento, menos te apoyas en el trabajo duro.

Nunca sigas el éxito como lo definen otros, porque existen millones de personas acabando con su cuerpo y con su alma buscando ser exitosos, para ser feliz define el éxito a tu manera. Porque quien carece de felicidad no puede considerarse exitoso. Porque nada de lo que persigue la mayoría es la forma correcta de lograr el éxito.

La gente piensa que tener más trabajo y menos tiempo los hace exitosos, no estar con la gente que quieres o haciendo lo que no les gusta. Eso es gastar más de tus posibilidades.

Recuerda que tú eliges cómo vivir, salte del rebaño y sé objetivo, y sabes que al hacerlo serás juzgado, criticado, y te tildarán de ser diferente. Vístete como desees vestirte, come lo que te guste sin afectar tu cuerpo, ve a los sitios que te agradan, date el tiempo que necesites, vive como te dé la gana, y haz todo lo anterior sin olvidar tus valores y sin dañar a nadie. Ten bien claro que mientras persigas la aprobación de los demás, no eres tú por los juicios ajenos.

Ponle fuerza a todo lo que es débil, yo no sé cuál es tu pasado o cuáles sean tus problemas que hayas tenido en tu vida, pero de nada sirve culpar las situaciones de lo que haya pasado, y la única realidad que tú tienes ahora es la que tienes en este momento en tus manos. Pero hoy puede ser el primer día de tu nueva vida. Así que tu única debilidad eres tú mismo o tu propia grandeza. Y recuerda que lo difícil es lo que nos hace crecer.

Las personas más fuertes del universo son las que conocieron el verdadero dolor, son la que comprenden el rechazo, la soledad, la angustia y la pérdida. Son los que no han tenido un pasado fácil, pero crecieron para ser mejores personas a pesar de todas las dificultades que tuvieron que soportar.

Y aun así todavía aman con todo su corazón, aman de forma protectora, porque no quieren que sus seres amados pasen por lo que ellos pasaron.

Los que saben lo que es sufrir, lo que es ser lastimados, las personas más fuertes tuvieron que aprender a ser fuertes y resistentes, tuvieron que aprender a luchar por su voz y defenderse por sí mismos, tuvieron que aprender a sobrevivir, aprendieron a vivir solos cuando lo único que necesitaban era una mano para sostenerse.

Las personas más fuertes no obtuvieron lo que deseaban, no llevan una vida perfecta y no siempre toman las decisiones correctas, pero saben cómo seguir adelante cuando sienten que se quedan sin fuerzas. Saben cómo encontrar coraje después de haber sido desanimados una y mil veces, ¿sabes por qué? Porque son personas que tienen Fe y saben que su paciencia y su tolerancia los llevará muy lejos.

Saben que han sido probados y tienen la confianza de que saldrán vencedores. Porque cuando conoces demasiado bien el dolor, sabes cómo amar incondicionalmente; las personas más fuertes harán todo lo posible por eliminar sus problemas porque saben cómo ser compasivos, y saben cómo seguir estando en pie para los demás y encuentran su alegría en compartir su Fortaleza con los demás.

Las personas más fuertes aman los corazones más rotos, y pueden hacer que te sientas entero de nuevo. Los más fuertes siempre sonríen en medio de su dolor, y aunque hayan llorado un mar la noche anterior siempre sonríen.

Así que por más fuerte que haya sido tu vida, no busques más fuera lo que hay dentro de ti. Te voy a dar algunos consejos, mi amado lector, que a mí me ayudaron mucho en mi crecimiento espiritual y que me funcionaron perfectamente, y fue la sabiduría de TAO.

«Habla cuando sea necesario, piensa lo que vas a decir antes de abrir la boca, sé breve y preciso, ya que cada vez que dejas salir una palabra por la boca, dejas salir al mismo tiempo una parte de tu energía, de esta manera aprenderás a manejar el arte de hablar sin perder energía.

Nunca hagas promesas que no puedas cumplir, no te quejes y no autorices en tu vocabulario palabras que proyecten imágenes negativas, porque se producirá alrededor de ti todo lo que has fabricado con tus palabras cargadas de energía. Si no tienes nada Bueno, verdadero y útil, es mejor quedarse callado y no decir nada.

Aprende a ser como un espejo, escucha y refleja la energía, el Universo mismo es el mejor ejemplo de un espejo que la naturaleza nos ha dado, porque el Universo acepta sin condiciones nuestros pensamientos, nuestras emociones, nuestras palabras, nuestras acciones, nos envía el reflejo de nuestra propia energía, bajo las formas de las diferentes circunstancias que se presentan en nuestra vida.

Si te identificas con el éxito, tendrás éxito, si te identificas con el fracaso, serás un fracasado. Así podemos observar que las circunstancias que vivimos son gestaciones externas del contenido de nuestra habladuría interna.

Aprende a ser como el universo escuchando y reflejando la energía sin emociones tensas, y sin prejuicios, siendo como un espejo sin emociones, aprendemos a hablar de otra manera, con el equilibrio mental, tranquilo, y en silencio, sin darle oportunidad de imponerse con sus opiniones personales, evitando que tenga reacciones emocionales excesivas, simplemente permite que una comunicación sincera y fluida exista. No te des mucha importancia, sé humilde porque entre más te muestres superior, inteligente y prepotente, más te vuelves prisionero de tu propia imagen y vives en un mundo de tensiones e ilusiones. Sé discreto, preserva tu vida íntima, de esta manera, te liberas de la opinión de los otros, y llevarás una vida tranquila, volviéndote invisible, misterioso, indefinible, no compitas con los demás, vuélvete como la tierra que nos nutre, que nos da lo que necesitamos, ayuda a los otros a percibir sus cualidades, sus virtudes y a brillar. El Espíritu competitivo hace que crezca el ego y crea conflictos inevitablemente. Ten confianza en ti mismo, preserva tu paz interna evitando entrar en la provocación y en las trampas de los otros.

No te comprometas fácilmente, si actúas de manera precipitada, sin tomar conciencia profundamente de la situación, te vas a crear complicaciones. La gente no tiene confianza en aquellos que dicen sí fácilmente porque saben que ese «sí" no es sólido y le falta valor.

Toma un momento de silencio interno para considerar todo lo que se presenta, y tomar tu decisión después, y así desarrollarás la confianza en ti mismo y la sabiduría, y si realmente hay algo que no sabes, o que no tienes la respuesta a la pregunta que te han hecho, ¡acéptalo!

El hecho de no saber es muy incómodo para el ego, porque le gusta saber todo y piensa que siempre tiene la razón y siempre da su opinión personal. En realidad el ego no sabe nada, simplemente hace ver que sabe.

Evita el hecho de juzgar y de criticar, sé la paz imparcial, sin juicios.

La paz no critica la gente, tiene una compasión infinita y no conoce la adualidad.

Cada vez que juzgas a alguien, lo único que haces es expresar tu opinión personal y es una pérdida de energía. Es puro ruido, juzgar es una manera de esconder sus propias debilidades.

El sabio tolera todo, y no dirá ni una palabra, recuerda que todo lo que te molesta de los otros es una proyección de algo que todavía no has resuelto de ti mismo.

Deja que cada quien resuelva sus propios problemas y concentra tu energía en tu propia vida, ocúpate de ti mismo, no te defiendas, cuando tratas de defenderte, en realidad estás dándole demasiada importancia a las palabras de los otros y le das más fuerza a su agresión. Si aceptas el no defenderte estás mostrando que la opinión de los demás no te afecta. Que son simplemente opiniones y que no necesitas convencer a los otros para ser feliz.

Tu silencio interno te vuelve impasible, haz regularmente un ayuno de las palabras para volver a educar el ego, que tiene la mala costumbre de hablar todo el tiempo. Practica el arte de no hablar, toma un día a la semana para abstenerte de hablar o por lo menos unas horas en el día. Según lo permita tu organización personal. Este es un ejercicio excelente para conocer y aprender el universo del amor ilimitado.

En lugar de tratar de explicar con las palabras qué es el amor... progresivamente desarrollarás el arte de hablar sin hablar y tu verdadera naturaleza interna reemplazará tu personalidad artificial dejando aparecer la luz de tu corazón y el poder de la sabiduría del silencio, gracias a esta fuerza atraerás hacia ti todo lo que necesitas para realizarte y liberarte completamente. Pero hay que tener cuidado de que el ego no se entrometa. El poder permanece cuando el ego se queda tranquilo y en silencio. Si tu ego se impone y abusa de este poder, el mismo poder se convertirá en un veneno y todo tu ser se envenenará rápidamente.

Quédate en silencio, cultiva tu poder interno, respeta la vida de los demás y de todo lo que exista en el mundo. No trates de forzar, manipular y controlar a los otros, conviértete en tu propio maestro y deja a los demás ser lo que son o lo que tienen la capacidad de ser."

TAO.

Yo sé, amado lector, que si buscas dentro de ti todo lo que tienes, seguro que descubrirás tanto que ese día terminará la búsqueda fuera.

PAZ EN LA TORMENTA

Cuando tenemos un 'problema', pasamos el día entero pensando en el problema y llega a un punto en que se vuelve agotador, y no logramos concentrarnos en nada, nos impide descansar, nos impide dormir en la noche o estar en paz en casa.

Tenemos que aprender a manejar las emociones y el dolor, y cuando lo hacemos nos sentimos mejor frente a ese problema.

Muchas veces sucede que aunque le demos manejo a este tipo de emociones o situaciones, regresan de nuevo y nos hacen sentir mal y caemos en lo mismo. Entonces vamos a ver algo que nos puede ayudar.

El principal motivo por el cual esto sucede, es porque ese dolor que tienes lo llevas acumulado durante días, semanas, meses, años y no existe una píldora mágica o un terapeuta o una varita mágica que lo vaya a resolver al instante. Esto requiere el suficiente tiempo para estar consciente de disolver ese problema que has venido acumulando durante tanto tiempo, pero sí necesitas hacer algunos ejercicios y con cierta frecuencia, porque si lo haces solo en el momento que te estás sintiendo mal lo único que estás logrando es la reacción momentánea que tienes con ese mundo.

Pero no estás llegando al origen al problema, sino que estás en la superficie.

El primer paso es tener paciencia y dedicarte todos los días un tiempo a sanarte y a recuperarte, y poco a poco vas a ir viendo cómo lo vas resolviendo.

En segundo lugar el otro motivo por el cual tienes que trabajar es en llegar al punto donde la totalidad de ti entienda la solución.

Yo sé, mi querido amigo, que estás buscando esa solución que te lleve a una paz interior que todo en algún momento deseamos tener, pero déjame decirte algo:

Comprendo perfectamente cómo te sientes y que tal vez pasamos por esos estados donde no estamos bien de salud, algún proyecto no nos sale bien, nos sentimos enfadados con nosotros mismos, frustrados, ofendidos por alguna razón o circunstancia, Pero Dios jamás prometió que no tuviéramos desafíos o que todo siempre iría bien.

¡No! Las tormentas siempre existirían y llegarían a todos, pero Dios sí prometió que podemos tener paz en medio de ellas y no solo por estar en una situación difícil no significa que debemos andar estresados.

La clave está en que no debes permitir que la angustia y la desesperación entren en ti.

Te voy a poner un ejemplo:

Un barco que va por el océano está rodeado de agua a toda dirección, pero no es problema a menos que le entre el océano al interior.

Si el barco deja que esto suceda, pronto se hundirá.

Es el mismo principio en la vida.

Puedes estar rodeado de problemas, pero así como el barco, tú puedes evitar que lo de fuera llegue al interior.

Tenemos todos los motivos para enojarnos cada día y motivos que no faltan como el tráfico, las noticias diarias del país, la economía, el chismoso, el oportunista, el tiempo que no te alcanzó para realizar tus labores del día. Pero no dejes que el agua entre a tu barco.

Tu vida siempre va a ser una montaña rusa, arriba si te va bien y abajo si algo no sale como querías.

Pero es aquí tu trabajo en tu vibración, debes mantenerte estable en tus emociones y no dejar que estas cosas te afecten, y cuando enfrentes una adversidad o un momento duro lo que puedes hacer es quedarte en calma y seguir en paz porque al estar en paz mantienes una posición de poder, y esto dice con tus acciones que estás confiando en Dios y estás seguro que Él pelea tus batallas y le estás mostrando a Dios con tus acciones que tú confías en Él.

Y ojo, amado lector, esto no es religión, hasta en la Biblia está escrito que «**cuando crees, realmente hay un descanso**».

«Venid a mí todos los que estáis trabajados y cargados, y yo os haré descansar».

MATEO 11:28-29

La evolución viene de tu ser y del dominio propio.

Es muy importante que revises tus creencias y empieces a cuestionarlas, ya que todos los conflictos que puedas estar atravesando son debido a tu programación. Todos esos momentos de problemas que viviste en el pasado crearon en ti ciertas creencias que se dispararon en determinadas situaciones de tu vida.

Algunos han estado en esa montaña rusa por mucho tiempo, permitiendo que sus circunstancias determinen su felicidad.

Necesitas pararte firme y decir ¡basta! De ahora en adelante conservaré mi paz, no permitiré que lo que está en el exterior llegue al interior.

No voy a dejar que las mismas personas o entorno me frustren, o las mismas circunstancias me molesten, y voy a entrar en ese lugar de descanso.

En cuanto tú hagas este ejercicio no solo vas a sentir descanso en tu vida, sino que también mejora tu salud.

Recuerda que el vivir tensos, preocupados o estresados debilita el Sistema inmunológico y algunas personas no pueden vencer este tipo de enfermedades provocadas por el mismo estrés y sienten agotamiento y falta de energía porque ocupan todo el tiempo en su interior y siempre están angustiados, y recuerda que en lo que te enfocas se expande, y aunque van a la cama a dormir, su mente sigue dando vueltas y pensando en ese problema y el tiempo que gasta preocupándose, drena su energía debilitándolo y robándole su creatividad.

Así nadie toma buenas decisiones porque la Biblia dice que «**no puedes añadir un centímetro a tu estatura al estar preocupado**».

La preocupación es como una mecedora, siempre se mueve pero nunca va a ninguna parte.

La vida puede ser muy ruidosa y si lo permitimos, todos podemos vivir estresados, tensos, de prisa y nerviosos entre todas las preocupaciones, cuentas por pagar, fechas límites en la oficina, los hijos y las obligaciones y todos los problemas que nos inquietan en medio de la sociedad frenética, debemos aprender a no dejar que la preocupación, la frustración y el estrés lleguen al interior.

Quizá haya mucho ajetreo en el exterior, pero en lo profundo de su espíritu se necesita haber una calma, y un reposo y saber que Dios lo tiene en la palma de su mano porque tú sabes que ningún arma forjada en tu contra prosperará.

Muchos están en este momento molestos por algún sueño que no han realizado, o algún desafío que están enfrentando, no pueden dormir de noche y todo esto les está robando la tranquilidad y la paz.

En el centro de un Huracán hay lo que se llama el ojo de la tormenta, donde está todo muy calmado y tranquilo, todo alrededor es caos y el viento soplando a más de 100 km/h, escombros volando por todos lados y es muy peligroso, pero mientras esté en el ojo estará en lo más calmado y tranquilo.

Habrá veces en que en la vida todo parezca fuera de control, desafíos, enfados y estrés vendrán, y así como como el ojo de la tormenta, en medio de la dificultad hay un lugar de paz al que puedes ir y es esa paz que sobrepasa todo entendimiento.

Y eso significa que tienes paz cuando deberías molestarte, paz cuando estás estresado.

Solo tú escoges entrar a ese lugar de paz.

Una vez Jesús estaba durmiendo en una barca y empezó a haber tormenta. Los discípulos estaban tan asustados que lo llamaron y le dijeron: ¡Jesús, despierta! ¡Vamos a morir!

Jesús se levantó y dijo:

Silencio, cálmate. Y al instante todo se calmó.

Jesús pudo traer paz a esta situación porque tenía paz en el interior.

Estaba en la tormenta, pero no dejó que la tormenta entrara en ÉL.

Paz no es la ausencia de problemas, vencer todos tus desafíos, liquidar todas tus cuentas. ¡No! Puede haber desafíos y conflictos a tu alrededor, en el exterior, pero la paz real es no dejar que llegue al interior.

Leí sobre un concurso que el que pintara un cuadro de paz en la forma más convincente, ganaría el premio. Había muchas pinturas de paisajes hermosos y tranquilidad, el sol poniéndose en el océano, palmeras sopladas por el viento muy pacífico, había un paisaje de pradera y esas colinas frondosas con cercas blancas, un lago hermoso al fondo, y otra era un paisaje invernal, con niebla fresca y una cabaña en madera y podía verse por la ventana la chimenea, montañas majestuosas y se veía tibio y acogedor.

Pero el primer lugar lo ganó una pintura de una tormenta enorme con relámpagos atravesando el cielo, la lluvia cayendo, el viento moviendo con fuerza los árboles.

Parecía lo opuesto a la paz, y en una esquina en la grieta de una roca había un ave escondida en su nido, debajo de sus alas extendidas estaban sus 6 polluelos, en medio de la enorme tormenta, estaban sentados de lo más calmados y tranquilos.

La paz no es la ausencia del problema, paz es saber que Dios está ahí contigo en medio del problema y que Él te cubrirá con sus alas y te esconderá en la roca.

Lo que te quiero decir es que no esperes que todos tus problemas se resuelvan para dejar de preocuparte, sino decidir tener paz justo en medio de la tormenta.

Las aguas quietas son profundas, en el océano el agua de la superficie cambia siempre dependiendo del viento, la marea, época del año, y hasta la horas del día, pueden estar calmadas, pero horas después pueden estar revueltas y picadas, cuando el viento es fuerte y la marea sube puede haber olas de 3 metros cuando días antes solo había olas pequeñas. Lo interesante es que si baja a 9 metros de profundidad, el agua nunca cambia y está de lo más calmada y quieta. Arriba de la superficie puede cambiar decenas de veces al día, pero 9 metros abajo está en calma. En la superficie siempre habrá algo sucediendo que cree olas, pero en lo profundo de tu espíritu debes tener una calma y una paz interior.

Tu quietud y tu confianza serán tu fortaleza.

Tú no puedes controlar el viento o la marea si vives en la superficie y todo lo que sucede al exterior o las batallas que enfrentas.

Realmente lo único que podemos controlar es nuestra propia actitud, la vida es 10% lo que enfrentamos y 90% cómo respondemos.

La superficie siempre estará cambiando, una ola grande puede golpear tu matrimonio, tus finanzas, tu salud y se ve grande e insuperable, pero en el fondo está la paz.

Recuerda que nada sucede sin el permiso de Dios y Él siempre te sostendrá y no permitirá una dificultad a menos que tenga un propósito divino, y si te quedas en paz, superarás la prueba y todo será mejor de lo que era antes.

La preocupación, el miedo y la ansiedad quieren robarte esa paz, pero el creador del Universo va a obrar a tu favor si tú te calmas en medio de la tormenta.

Lo que sea que enfrentes en la vida, mantén la paz.

Nunca salgas descalzo a la calle, siempre ponte los zapatos de la paz y sal pisando fuerte para que nada te mueva en la superficie.

2 PASOS PARA TOMAR ACCIÓN

*V*amos a hablar del progreso porque es algo que te va a hacer sentir vivo, porque progreso significa felicidad.

Incluso si no estás donde quieres estar pero estás progresando, entonces lo que leerás a continuación te va a encantar.

Tú sabes que mi propósito es ayudarte a transformar tu vida y que hoy mismo empieces tu cambio. Y no es cambiarte, sino que te conviertas en quien realmente eres.

Esto lo aprendí de mi gran mentor Lain García Calvo, y gracias a haber estudiado estos principios y mis mentorías con Él, hoy puedo compartir contigo todos mis aprendizajes y ayudarte a ti también a transformar tu vida como yo lo hice con la mía.

Así que vamos por ello.

No importa cuán exitoso seas, si dejas de crecer, empiezas a morir por dentro.

Si tú quieres sobresalir, nunca dejes de lado ponerte

un objetivo de hacer algo que te comprometa a cumplirlo.

Es el momento de comprometerte con algo que te ayude a seguir adelante y sea cual sea el objetivo ya estás comprometido en cierta manera.

Este puede ser el mejor año que has vivido si controlas en lo que te enfocas, si encuentras el poder y el significado en las acciones de los que tuvieron éxito antes que tú.

Puede ser el mejor tiempo a nivel financiero, emocional y espiritual de tu vida.

Pero tienes que controlar tu «estado", y si piensas que lo vas a hacer hoy, te equivocas, vas a tener que adquirir algunos hábitos.

Porque tú sabes que somos controlados por nuestros hábitos.

Y si no desarrollas estos hábitos, te estás enseñando a ti mismo.

Hay hábitos que te ponen dentro del mismo estado de siempre y hay hábitos que te sacan de esos «estados".

Si tienes tu objetivo y tienes las herramientas, pero aún no tienes lo que quieres, es porque tienes conflictos interiores y tienes que resolverlos, porque el 80 % de tu éxito es tu psicología y el 20 % es el trabajo.

Esos conflictos internos te hacen avanzar dos pasos pero retroceder tres.

Cuando dices: «voy a hacer esto" pero no lo sigues, aquí vamos a ver lo que sucede. Te voy a ayudar a resolver estos puntos por los cuales aún no obtienes lo que quieres.

El conflicto que debes resolver es primero alinear tu vida con lo que es más importante para ti, una vez pongas en orden tus conflictos, lo único que te quedará es tomar acción.

Cuando todo está en línea, no hay nada que pueda detenerte y vas tras ello.

El progreso viene cuando eres capaz de decirte la verdad, de sentir la incertidumbre y tomar acción sin importarte el miedo. Lo que nos detiene siempre es el miedo, miedo al fracaso, miedo al rechazo, miedo a lo desconocido y ese miedo se puede simplificar en incertidumbre.

Analiza bien que cuando miras a alguien que es realmente exitoso y es un verdadero líder, te darás cuenta de que exuda seguridad.

¿De dónde viene esa seguridad?

¿Se nace con ello?

¿Han tenido suerte?

¿Las cosas siempre van a su favor?

¡No!

Grandes líderes transforman situaciones inseguras en seguras.

En la mayoría de la gente el estrés viene de saber si la vida te está controlando a ti o tú controlando a la vida.

¿Tiendes a controlar más a la vida? ¿O las situaciones te controlan a ti?

Es muy fácil que las situaciones te controlen a ti a menos que empieces a controlar lo que hay en tu mente.

En lo que te enfocas, afecta masivamente cómo te sientes, ya sea que estás prosperando o sobreviviendo.

Si te enfocas en lo que no puedes controlar, si te enfocas en el pasado, si te enfocas constantemente en lo que te falta. Ese patrón de enfoque te hará sentir frustrado, abrumado y deprimido.

Y puedes tomar todos los antidepresivos que quieras, pero es que enfoque equivale a poder y si quieres progresar, no puedes enfocarte en lo que no puedes controlar.

Tienes que enfocarte en el cambio que puedes hacer o incluso estar agradecido por lo que aún tienes.

Tienes que encontrar un objetivo que sea lo suficientemente poderoso para tomar acción.

Un objetivo que te permita realizar el progreso.

Porque si es algo mediocre, nunca encontrarás la estrategia y seguirás con las mismas excusas de que es muy costoso el precio a pagar o de que nunca podrás hacerlo, o intentarlo a medias para luego decir que lo intentaste pero que no funcionó.

El ingenio del recurso es el más importante.

Si no tienes aún lo que quieres, deja de decirte a ti mismo que es porque no tienes el dinero, el tiempo, esas son excusas y tonterías.

Es porque no te has comprometido a quemar los botes, porque si quieres salvar tu isla, debes quemar tus barcos.

Porque cuando la gente está entre morir o conseguir el éxito, tienden a conseguir el éxito.

Pero la mayoría de nosotros nos damos una tercera opción y por eso no progresamos.

Una de las claves también es: Da más, crea más, haz más y comparte más.

Y lo que necesites está ahí para ti, tan solo haz tu parte.

Aquí vamos con **dos pasos** importantes para tomar acción.

Mi mentor Lain García Calvo me enseñó un acrónimo que es T.E.D.

Esto significa: la cantidad de Tiempo, Esfuerzo y Dinero que inviertes en aprender una habilidad, una estrategia, en aprender a tener una mentalidad para poder llegar a un resultado concreto.

Es decir, que cuando tú quieres lograr algo, si quieres mejorar tu economía, si quieres volverte multimillonario, si quieres tener relaciones prometedoras, lo que sea que quieras lograr, la mayoría de las personas hacen muy poquitas cosas y que nunca llegan a ver esos resultados, y lo peor es que tardan en ver los resultados y que se desaniman antes de tiempo.

El primer paso que debes hacer es incrementar el coeficiente de imparabilidad.

Lo que significa que:

Debes hacer las cosas ordenadas de determinada manera para lograr los resultados.

Tomar acción masiva es hacer muchas cosas enfocadas en un solo punto en el mínimo tiempo posible.

El segundo paso es hacer algo que sea eficaz y efectivo.

Efectivo porque llegas al resultado y **Eficaz** porque lo consigues en el mínimo tiempo y con menos esfuerzo.

Pero para poder lograrlo en el mínimo esfuerzo y el menor tiempo, necesitas incrementar la habilidad y eso requiere de entrenamiento constante y diario.

Pero recuerda que para todo esto debes hacer una inversión en tiempo, en energía, en esfuerzo y en dinero, y aprender de mentores que ya tienen resultados y te enseñen a hacerlo, como es mi caso que he sido mentoreada y formada por mi mentor Lain García C.

Y fue quien me enseñó que si uno quiere aprender una habilidad como en mi caso ser conferencista, debía hacerlo una vez a la semana o una vez al mes y en un año serían 12 conferencias, pero qué pasaría si en lugar de hacer una al mes hacía una al día, pues estaría viendo las ventajas frente a los que lo hacen una vez por mes.

Pues que ya no serían 12 al año sino 360.

Una persona que hace una conferencia al mes tarda en aprender lo que una persona hace en un día 30 años.

Entonces aprendí que si soy una persona de acción masiva, llevaría 30 años de ventaja al resto de personas.

Eso es a lo que me refiero de aumentar tu coeficiente de imparabilidad.

Espero que te haya podido ayudar a entender cómo puedes tomar acción y lograr todo lo que hasta el momento no habías logrado, pero ahora que ya lo sabes vamos cumplir esos sueños que tanto has postergado porque tal vez desconocías estos puntos que ya conoces.

MÉTODOS PARA EL DESARROLLO PERSONAL

En la vida de todos los seres humanos tenemos vacíos o necesidades y esto nos lleva a veces a debilitar nuestras fuerzas y en algunos momentos y pensar que somos débiles ante ciertas situaciones, pero déjame decirte que esto no significa que no seas fuerte.

En el momento que cuestionas esos vacíos y los identificas, empiezas a ser fuerte porque estás encontrando la solución a tu conflicto interno.

Por eso quiero antes de seguir con lo que tengo para ti felicitarte por estar leyendo este libro que yo sé que es de gran aporte y valor para tu vida y para tus avances en tus cambios día a día.

Gracias, Gracias, Gracias por seguir leyendo y acompañarme en estas líneas que escribo pensando en ti, porque yo también pasé todo esto igual que tú y logré ser fuerte y crecer mucho en este mundo lleno de caos y cómo manejar cada una de las situaciones que me abatían.

Ahora vamos por esos significados que una vez lo comprendas, se te será más fácil enfrentar cualquier situación por más difícil que sea.

Ok, aquí vamos.

TODOS SEGUIMOS CIERTOS PATRONES.

Todos seguimos ciertos patrones, emocionales, de personalidad de valores, creencias.

Si tú tienes un problema y lo identificas y sabes cuál es la solución, y si no lo estás resolviendo es porque ese problema de alguna manera está haciendo de nosotros ciertas necesidades emocionales, o ciertas necesidades humanas.

En realidad no quieres dejar de hacerlo porque nos está satisfaciendo a otros niveles que puede que sea consciente o inconscientemente, pero tiene su función y por eso no dejamos ni cambiamos ese hábito.

Si tú ves que haces ciertas cosas es porque estás sintiendo que eso rellena ciertos vacíos y te hace sentir mejor.

Las necesidades básicas y universales que sientes son:

    1- Certeza: Es decir en nuestra vida necesitamos certeza o seguridad. Necesitamos esa seguridad para no sentirnos amenazados. Y está muy relacionado con cuánto estamos dispuestos a arriesgar en la vida. Es necesidad de pertenencia.

Debido a eso está:

2- La variedad: porque si estamos siempre en una línea plana todo siempre igual sin ninguna variedad, entonces nos sentiríamos como muertos y no tendríamos la energía necesaria para avanzar, para disfrutar.

3- Todos queremos sentirnos relevantes e importantes con respecto a la sociedad, con respecto a los demás todo el mundo quiere sentirse así.

Unido a todo esto está:

4- El amor y la conexión: ya sabemos que el amor es la energía, esencia de la vida, la que nos mueve.

Entonces ya sabes que estas son 4 necesidades básicas.

Certeza

Variedad

Relevancia

Amor y conexión

Y después estarían las siguientes, que no todo el mundo consigue satisfacerlas o identificarlas que son:

Crecimiento

Contribución

Cuando de verdad nos sentimos realizados es contribuyendo.

Porque no estamos aislados, somos parte de un todo.

Cuando le contribuyes o le aportas a la sociedad es cuando realmente nos sentimos satisfechos y a gusto con nosotros mismos.

Pero estas necesidades no son de la personalidad, sino del alma y del Espíritu.

Ahora vamos con los ejemplos:

Cuando alguien tiene una **necesidad** de comer y comer y se dice a sí mismo que no puede parar de comer, porque está llenando una necesidad sin importar los kilos de sobra que tenga o el tipo de comida no nutritiva que se esté comiendo sin importarle porque está cubriendo cierta necesidad.

Y esa **certeza** de comer introduce **variedad** porque cada vez que haces o comes algo diferente, experimentas sabores diferentes, experimentas variedad. Porque es como si te estuvieras dando amor, de una manera un poco desequilibrada pero es «amor"

Cuando hay una actividad o un hábito que satisface 3 necesidades, nos volvemos adictos.

Y mientras no seamos conscientes, lo hacemos muchas y repetidas veces. Porque estamos tapando ciertos huecos.

De aquí pasamos a la **Relevancia,** hay muchas personas que usan la depresión por ejemplo para llamar la atención y así poder sentirse importantes, relevante porque los demás empiezan a decir qué te ocurre, qué te pasa, cómo estás. Y así encuentran cierta seguridad y se sienten seguras y protegidas. Y es porque la tristeza reclama la atención de los demás.

Y de esta forma reciben **Amor** porque los demás dan amor a través de la pena.

Pero hay otras maneras sanas que te pueden hacer sentir fuerte y sano, como el deporte.

Conclusión:

Todo lo que hagamos en nuestra vida, hábitos, decisiones en realidad no es por azar, sino que es por alguna razón, por algún motivo, o estás satisfaciendo una de nuestras necesidades o estás rellenando uno de nuestros huecos. Aunque después haya más niveles pero esas necesidades están a un nivel. Puede que lo haya más originales o más radicales en cuanto a la raíz. Pero siempre todo lo que hacemos es por una razón porque nuestro cuerpo siempre está necesitando comer, dormir, crecer, avanzar, sentir hambre, hacer ejercicio.

Entonces una conclusión muy grande es no juzgar a los demás porque de alguna forma está cubriendo sus necesidades.

Pero si poco a poco te vas haciendo consciente de cuáles son tus necesidades o tus vacíos, y los vamos rellenando o construyendo de maneras constructivas y positivas, será mucho más fácil y placentero seguir caminando poquito a poco por nuestro sendero.

Así que tú puedes ser fuerte y puedes identificar esas necesidades y carencias y trabajar en ellas tomando consciencia o actuando de manera consciente hacia tu propio bienestar.

A continuación quiero darte unos tips que te van a ayudar mucho a fortalecer tu fuerza interior y te acercarás más al éxito si logras entender estos puntos importantes, que son fundamentales en el momento de manejar tus emociones y aprender cómo funcionan nuestras creencias que son las que manejan o controlan de algún modo tu vida.

Vamos a identificar estos pasos y a aprender cómo comportarnos frente a las emociones y limitaciones que no nos dejan avanzar.

¿Sabes por qué hay algunas personas que tienen más éxito que otras?

Muchos opinan que algunos son más exitosos que otros porque han encontrado mejores oportunidades, o quizá han recibido mejor educación, o han tenido más influencias. Pero entonces ¿qué ha pasado con todos aquellos que han logrado tener resultados sorprendentes aun con pocas oportunidades?

¿Hay algún poder o habilidades que les han permitido lograr lo que para otros les parece imposible?

Ok, voy explicarte algo que estoy segura vas a comprender de manera sorprendente y entenderás muchas de las cosas que suceden en nuestra vida cuando deseamos lograr el éxito como otros lo han logrado.

Cada uno de nosotros tenemos el poder suficiente para cambiar de manera positiva nuestra vida.

En primer lugar es:

Toma las mejores decisiones, y en segundo lugar, emulando las acciones de aquellas personas que han logrado obtener los resultados que nosotros buscamos.

Hay que mirar los elementos claves que llevan a estas personas al logro, para de esta manera poder replicar el éxito en nuestra propia vida.

Te voy a describir cuáles son estos elementos.

Para comenzar es importante saber el papel que juega nuestro estado emocional.

Si estamos alegres, la probabilidad de lograr mejores resultados será más alta que si nos encontramos enojados.

Pero te estarás preguntado, amigo lector, ¿cómo podemos cambiar nuestros estados emocionales, para hacer que jueguen a nuestro favor?

Voy a responderte esta pregunta, pero primero tenemos que saber que nuestro estado emocional está afectado tanto por nuestras representaciones internas, como nuestra fisiología.

Las representaciones internas son las percepciones de la situaciones que vivimos día a día.

Mientras que la fisiología tiene que ver con el funcionamiento y estado general de nuestro cuerpo.

Por otro lado debes saber también que nuestras representaciones internas pueden ser afectadas por nuestras creencias.

Te voy a poner un ejemplo;

Alguien quiere aprender un nuevo deporte, y que en su cabeza existe la creencia de que la práctica es directamente proporcional a la habilidad adquirida.

Así que empieza a practicar y luego de unas semanas descubre con sorpresa que sus habilidades no están mejorando.

¿Cómo crees que serán la representación interna de esta persona ante esta situación?

Seguramente dirá que ese no es su deporte, se sentirá frustrado y dejará de practicarlo.

En este anterior ejemplo vemos cómo una simple creencia puede afectar nuestras representaciones internas, y nuestro estado emocional, lo que por consiguiente afectará nuestros comportamientos.

Pero las creencias pueden afectar también otros aspectos de nuestra vida.

¿Qué tal por ejemplo si creemos que podemos hacernos millonarios rápidamente, cuál sería el nivel de persistencia cuando vemos que las cosas no son tan sencillas como creíamos?

Seguramente abandonaríamos nuestras ideas muy pronto, y no lo intentaríamos nuevamente, esto significa que tener creencias limitantes hace que enfoquemos nuestra atención en los malos resultados. Lo que evidentemente afectará nuestras emociones.

Como ya sabes, las creencias que poseemos son muy importantes.

Y cumplen un papel determinante en nuestras acciones, pero ¿de dónde vienen dichas creencias?

Pueden venir de varias partes, por ejemplo:

De nuestro entorno, si alrededor de nosotros solo encontramos personas que toda su vida han tenido problemas financieros, será muy fácil adoptar la creencia de que conseguir dinero es muy difícil.

Y lo más seguro es que lleguemos al conformismo de solamente conseguir lo necesario, también las creencias pueden venir de eventos pasados, por ejemplo:

Cuando estabas en el colegio no tenías buenos resultados y alguien te dijo que eras un desastre y que nunca ibas a lograr en tu vida.

Es muy probable que ese simple evento te haya formado la creencia de que no podías sobresalir.

Las creencias también se forman a partir de resultados pasados. Si has intentado crear un negocio y has fracasado varias veces, podrás creer a partir de allí que nada te sale bien, pero lo importante de todo en cuanto a la formación de creencias es que las podemos cambiar.

Si ves todas las personas que han hecho de su vida algo memorable, podemos cambiar todas nuestras creencias negativas y adoptar aquellas que nos ayuden a mejorar.

Todo en la vida comienza por una creencia.

Si crees que podrás lograr algo, tendrás el potencial para hacerlo, lo cual te llevará a la acción y esto posteriormente te llevará a los resultados.

Seguramente el solo hecho de creer no te llevará a los resultados que esperas, hay muchos otros elementos a tener en cuenta, pero si no crees que lo podrás lograr, será casi imposible conseguirlo.

Otro elemento importante para el cumplimiento de nuestros objetivos es la pasión entendida como el entusiasmo para realizar las cosas. Donde a pesar de que tengas que efectuar mucho trabajo, te sientes realizado porque estás haciendo una contribución importante.

La pasión y las creencias son dos elementos claves para lograr el éxito.

Pero hay otros 5 elementos que quiero resaltar brevemente.

1- **La estrategia,** aquí la idea es utilizar adecuadamente todos los recursos que tenemos realizando la planeación detallada, considerando posibles contratiempos.

2- **La claridad en nuestros valores,** si vives bajo los valores más importantes para ti, vas a poder tener una vida con más sentido. Es importante porque te brindará claridad para descubrir con exactitud qué quieres.

3- **La energía,** entendida como la vitalidad y salud de nuestro cuerpo para realizar las cosas. Anteriormente habíamos dicho que nuestro estado emocional es afectado por las representaciones internas, pero también por nuestra fisiología. Por eso es importante cuidar nuestra alimentación y en lo posible hacer ejercicio a diario, ya que esto nos brindará la energía y vitalidad suficiente, para realizar todas nuestras tareas.

4- **El poder para poder establecer conexiones con las personas,** aquí se trata de tener influencia sobre los demás de una manera positiva, así podemos crear la sinergia suficiente como para lograr nuestros resultados de una manera más eficiente.

5- La comunicación, no solamente con los demás sino con nosotros mismos. Esto lo podemos hacer colocando pensamientos y creencias útiles y constructivas para que de esta manera podamos tener una mejor actitud hacia todas las situaciones que enfrentemos en nuestro diario vivir.

Una de las cosas que debes tener en cuenta cuando te planteas un objetivo es:

1- Conocer cuál quieres que sea tu resultado, establece un objetivo específico. Una vez establecido, deberás tomar acción.

2- La acción, en sí misma produce unos resultados, en muchas ocasiones dichos **resultados** no serán los esperados, por ello como tercera consideración tenemos que comparar los resultados obtenidos con nuestras expectativas iniciales. Para de esta manera cambiar nuestros comportamientos y estrategias hasta obtener lo que queremos.

Este concepto tiene mucha relación con el mejoramiento continuo, es importante entender que en todo momento estamos obteniendo los resultados.

Pero si no te estás tomando el tiempo para actuar, los resultados evidentemente serán negativos.

Para recapitular un poco tenemos todos que saber que podemos y tenemos la capacidad de cambiar nuestra vida, pero para ello es importante tener en cuenta ciertos elementos que los vamos a recordar en este instante.

1- Nuestro estado emocional: el cual es afectado por nuestras representaciones internas como por nuestra fisiología.

2- Representaciones internas, son afectadas a su vez por nuestras creencias, las cuales se forman a través de nuestro entorno, vivencias, o resultados del pasado. Si dichas creencias son negativas las podemos cambiar, lo que a la larga terminará cambiando nuestro estado emocional y aumentará nuestra capacidad para obtener mejores resultados.

3- La pasión, la cual nos brinda el entusiasmo para realizar las cosas y también es importante la:

4- Estrategia, que nos ayuda a utilizar de manera correcta todos los recursos que tenemos dentro disponibles. Adicional a esto tenemos nuestros:

5- Valores, que al satisfacerlos, podemos darle más sentido a nuestra vida.

6- La energía, por su parte es la vitalidad para realizar las cosas.

7- La capacidad de establecer conexiones con los demás.

8- La comunicación, no solamente con los demás sino también con nosotros mismos.

Espero y lo pongas en práctica y muy pronto verás resultados increíbles.

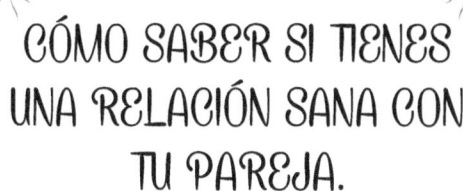

CÓMO SABER SI TIENES UNA RELACIÓN SANA CON TU PAREJA.

Si en tu relación existen muchas cosas en común ya es una buena señal para saber que tienes una buena relación con tu pareja, también los valores similares, sueños, objetivos parecidos, deseos. Porque lo que hace que una relación funcione son las cosas en común.

Porque eso te da la emoción de la certeza, eso te permite abrir y conectarte.

A todos nosotros nos gustan las personas que son como nosotros mismos, entonces por eso te gusta esta persona y tienes una certeza sobre esta persona, tienes una conexión con esta persona a través de valores e intereses similares.

Básicamente debes dominar dos habilidades,

- **Debes saber cómo seleccionar y conectarte.**

Estas son habilidades de relaciones. SELECCIÓN Y CONEXIÓN.

Debes aprender a mejorar para moverte, la cantidad de alegría, pasión con la que tú estás alimentando la relación.

Cuando tú tienes una pareja, es igual como un cliente, que si obtiene un mal trato termina por irse, pero un cliente entusiasmado nunca se irá.

Tu objetivo en una relación por encima de todo es asegurarte que tú puedes hacer que tu compañero o compañera de tu vida se convierta en un fanático delirante de tu vida. Y solo hay una manera de hacerlo y es adorarlos, no solo amarlos sino adorarlos.

Si quieres hacer algo que sea extraordinario primero debes saber con exactitud qué es lo que quieres. Porque todo somos diferentes y todos queremos amor, todos tenemos las mismas necesidades.

Entonces para comenzar una relación sana, el primer paso es tener una visión de lo que realmente quieres, porque no puedes hacer que algo suceda hasta que tengas claridad.

¿Cuál es el primer paso para tomar algo imposible y hacerlo real?

Necesitas tener una visión, sin una visión las personas perecen. Necesitas una visión para tu relación.

Una visión de lo que realmente quieres para tu vida, que te emocione, que te motivo, que te ilumine.

Y no necesariamente de cómo es la persona o cómo debería ser o qué valores tiene.

Eso podría ser parte de tu visión, pero cuál es tu visión de lo que esta relación crearía en el mundo.

Esto te inspiraría a estar en esta relación.

Porque sin una visión de lo que podría ser esta relación, te vas a conformar con lo que sea, así que todo lo que tienes que hacer es crear una visión de algo que sea conveniente para ti, que sea tan emocionante y tan claro, que logres encontrar una manera de que esto ocurra.

En las dos habilidades que te acabo de mencionar: **selección y conexión.**

La primera y más importante es selección que vas a hacer en tu vida, recuerda antes de continuar que el 95% de la felicidad de tu vida es la selección que hiciste como pareja.

Así que vas a ser claro sobre lo que realmente quieres, porque es imposible llegar de otra manera.

Una de las mejores maneras es escribir cada cosa que podrías desear de la mejor pareja de toda tu vida (mental, emocional, físico, espiritual) sería la mejor forma que podrían hacer equipo.

Qué podrían hacer juntos, qué compartirían juntos, pero solo debes seleccionar conscientemente.

Recuerda que lo que hace que una relación funcione son las cosas en común, valores similares, sueños, objetivos similares.

Una relación apasionada es incertidumbre, sin conocerse y con diferencias. Ésta es la comprensión crítica.

Tú puedes tener ambas relaciones simultáneamente, pero la mayoría de la gente persigue aspectos más básicos de sus necesidades, como al principio quieren variedad, incertidumbre, emoción y todo lo que viene con ello.

Y caen en el juego de que esa persona los emociona tanto que piensan que eso es lo que quieren para siempre, y luego buscan mantener esa conexión y tener el control y certeza, después viene el intento de cambiar la forma de ser de tu pareja a como eres tú mismo y todo lo que hacían antes que era emocionante ahora es muy molesto. Hacen las mismas cosas que al principio pero ahora es muy irritante.

Y si fuerzas a alguien o incluso si lo castigas, y si de alguna manera intentas cambiar a alguien como tú, tendrás un buen amigo, pero sin pasión y aunque nunca volverá a ser como antes, no querrás irte de ahí, porque ya has sido rechazado tanto que entonces lo que buscas es volver a comenzar y protegerte.

Y la manera de poder conseguirlo es aprender a honrar las diferencias y aprender a disfrutar las diferencias.

Y si quieres aprender a honrar y a disfrutar, tienes que aprender en qué aspecto, hay algunos aspectos que podrían aprender a ser inconvenientes... no te gusta, pero debes aprender a amar lo que no te gusta.

Hay muchas cosas que podrían llegar a destruir una relación, incluso si tuvieras valores muy arraigados y esta persona tuviera algunos contrarios, sería muy difícil así poder llevar una Buena relación.

Entonces para empezar debes hacer una lista de todo lo que quieres y después una lista de todo lo que no te gusta.

Escribe absolutamente todo, recuerda que estamos hablando de tu relación, así que sé específico. Recuerda que todo lo que hace daño, debe ser destruido. Debes encontrar todas esas cosas que le hacen daño a la relación y entonces destruirlas.

Debes evaluar si la relación es Buena para ti o no.

Lo primero es creer que es posible, y centrarte en lo que quieres, y no en lo que tienes, qué es lo que quieres y qué es lo que no puedes obtener. Haz las listas escritas de todo esto.

Escribe todo lo que buscas en una relación: mental, emocional, físico espiritual y lo que no debes tener en una relación.

Pero aquí está la clave y es que lo principal que debes escribir es qué clase de persona te quieres convertir para atraer a ese tipo de pareja que deseas. Porque si te enfocas en el exterior de la persona, siempre estarás mal porque siempre estarás culpando a alguien más.

Entonces recuerda los puntos importantes:

1- Claridad del tipo de persona que quieres en tu vida.

2- Quién debes ser tú para poder atraer ese tipo de persona en tu vida.

Hay algunos factores que debes tomar en cuenta ya que son estos los que pueden llegar a destruir una relación de pareja.

Son factores que producen daño e inclusive pueden llegar a destruir la relación.

La pérdida de la atracción: esto es la base de una relación. Recuerda que la intimidad marca la diferencia, y es lo que hace diferente una relación afectiva de la Amistad, y cuando empieza a faltar la atracción en la pareja, esa especie de energía, comienza a faltar el deseo... y esto influye negativamente en la relación.

Hay muchas situaciones externas que nos hacen sentir estrés, predispuestos o con más presión o tensión de todo.

La atracción puede cambiar en segundos.

Y se pueden empezar a ver afectados desde el punto de vista emocional, empezamos a notar cosas que nos molestan y nos encerramos entre muros.

¿Qué es lo que destruye una relación de pareja?

La primera cosa es una resistencia inicial, cualquier cosa que tu pareja haga o diga que no te guste, pero que hasta ahora nunca te habías quejado porque pensabas que no merecía la pena o que no tenían importancia.

El hecho es que si no las afrontas enseguida, en este primer nivel de resistencia, se crea una mezcla explosiva entre lo dicho y no lo dicho.

Si no verbalizas las cosas con tu pareja, si no hay comunicación que disuelva la Resistencia inicial, esta a – un nivel profundo se transforma en resentimiento.

Todas las cosas dichas crean anclajes, sumándose las unas a las otras y se graban en ti, cada vez más profundas.

Y una vez que la resistencia se ha transformado en resentimiento, sucede que empiezas a pensar: Pero por qué siempre con lo mismo.

Por qué tenemos que pasar siempre por lo mismo.

Pero nada que te atreves a hablar de tus emociones.

Y lo que antes era una Resistencia en ti, ahora está creciendo por no haberlo afrontado antes.

Probablemente la Resistencia era un hecho tuyo personal. Por el hecho de que tú no lo hayas afrontado y no hayas hablado con tu pareja.

Si empiezas por hablar y expresar lo que sientes aceptando que algo sucedió que tal vez algo que no depende de ti.

O si asumes el error, preguntarle a tu pareja si puede ayudarte en eso.

Si se habla es distinto.

Pero por el contrario, si permaneces callado y finges que no pasa nada, lo que va a pasar es que la Resistencia se convierte en rechazo y en resentimiento.

¿Eres consciente cuando reaccionas desproporcionadamente?

Esto ocurre porque estás reaccionando no en el momento presente, sino frente al hecho que se repite de nuevo.

Es entonces cuando rechazas a las personas o las tratas de maneras exageradas, y no entienden el porqué de tu comportamiento, se sienten heridas y por tanto te rechazan a la vez.

Lo único que quieres es huir lejos, y la cantidad de cosas no dichas, esa carga emocional se ha arraigado aún más en profundidad y ahora te está intoxicando.

Has llegado a un punto de que no quieres ni siquiera hablar de ello.

En una relación lo más importante es la consciencia, y una vez que hay consciencia te atreves a ver dónde estás y si demuestras la Resistencia.

La molestia, puedes comunicárselo, y pronunciar las

palabras aún no dichas. Y por lo tanto rompes ese mecanismo peligroso que no te deja avanzar de nivel en tu relación.

Debes aprende a comunicarte con tu pareja, nunca hablar hiriendo, áspero o negativo.

De esa forma sacarás la energía y la dejarás fluir, y que no se acumule dentro de ti.

Luego si no haces esto llegas a un punto donde te reprimes.

Pero ten en cuenta los pasos que te he dado:

La Resistencia pasa al resentimiento, el resentimiento al rechazo, con él llega la represión.

En cierto punto las personas se cansan hasta de ser duros, y dejan las armas, se rinden, y pasan a estar como aturdidos el uno con el otro, y esta es la etapa que se define como «posibilidad sin salida".

Y es cuando te das cuenta de que las cosas ya no irán nunca mejor, y estás ya sin posibilidad de ayuda, y paradójicamente son estas las situaciones que vistas desde el exterior no parecen tan desastrosas.

Al contrario, los amigos piensan que ustedes representan una Buena pareja porque no discuten nunca.

Pero precisamente el hecho de no discutir es un indicador preciso.

Lo que ocurre en parejas similares es que han bajado a tal punto sus expectativas, que desvían su energía y su atención de la pareja para focalizarla en el trabajo o sobre los hijos.

Y lo que ha sucedido realmente es que la relación está muerta.

Quizá se ha convertido en una Amistad, pero ¿y la relación? La intimidad, la dimensión verdaderamente única para la pareja. Porque no te atreves a tener intimidad con cualquier persona.

Por tanto: todos estos elementos tienen que ver con el amor y con la pasión. No es posible que elijas uno u otro, romper el esquema las 4 Rs puede ser difícil pero esencial.

Resistencia.

Resentimiento.

Rechazo.

Represión.

Otros factores muy importantes que debes tener en cuenta para cuidar tu relación son:

Cuando alguien empieza a notar la falta de atención hacia su pareja, empieza a sentirse irritado, por lo tanto siente rechazo y lo reprime.

A nivel interior ocurre que la rabia tiende a acumularse, poniéndose en un estado de ánimo, en el cual tener intimidad es difícil.

Algunas personas se acercan y buscan mediante la relación física con los otros, cambiar su estado emocional.

No es algo negativo, a veces puede resultar útil.

Pero en general cuando no te sientes comprendido, cuando te das cuenta de que tu pareja parece como si no te conociese de nada, cuando te sientes rechazado.

No tienes ganas de abrirte y buscar quizás un contacto físico o íntimo.

Empiezas a sentir el temor de que cualquier cosa que hagas sea malinterpretada y que tu pareja se distanciará. Y de ahí al 3 estadio al que se llega es el de la pérdida de la pasión física.

Aquí lo malo es que cuando se llega a este punto, también el significado de las cosas se altera, y tu pareja llega a su vez a pensar que tú la estás castigando. Y el origen de encerrarte en ti respecto a él o ella, es el no sentirte comprendido(a). Se alternan muchas emociones inconscientes y no expresadas.

Pero si tienes la lucidez de darte cuenta en el nivel 1 y 2, no llegarás a este punto.

Ten en cuenta que si uno de los dos tiene más deseo físico que el otro, y se empieza a usar este hecho como palanca para «castigar" al otro, como: no voy a tener sexo contigo porque quiero castigarte.

En definitiva, cualquier estrategia que desee utilizar.

El problema es uno solo.

Todo esto provoca mayor resentimiento y minoriza la pareja. Sin castigarte a ti mismo.

En definitiva, no es posible castigar a la pareja sin castigarte a ti mismo.

Porque cada vez que te retraes, o que actúas con menos empatía, menos calor, disminuye el nivel de unión que existe entre los dos.

Pensando que de este modo conseguirás el impulso para cambiar, pero nada sucede de esta forma.

Todo lo que se produce es un sentimiento de rechazo que empeora la relación. No solo a un nivel físico y emocional, y esto destruye la intimidad de la pareja, sin embargo, lo mejor es mirar a tu pareja y comunicárselo.

Todos los factores de estrés a menudo son personales, y tienen que ver personalmente con nosotros mismos, por lo tanto la honestidad con que miramos hacia nosotros mismos y abordamos las cosas es la clave justa.

El modo en que gestionas la relación, el modo en que te comunicas de verdad, echando fuera las cosas, también aquellas no dichas, mostrándote abierto y sensible.

Actuando de este modo no llegarán al nivel 3.

Pero si has llegado al nivel 3, muy a menudo ocurre que te sientes sin ayuda. Quizás desees aún a tu pareja, pero sientes que no estás en el mismo nivel de sintonía y de intimidad.

Quizás todavía haya sexo, pero falta más sentimiento, o después demuestres resentimiento.

Y si llegaras al punto de ya no satisfacer a tu pareja, porque tú o tu pareja mantienen las distancias, entonces es porque está sonando la alarma porque en la práctica te estás adentrando en la 4 fase. Empiezas a ya no sentirte implicado. De repente, parece que nada tiene sentido, y es como si tu pareja te fuera ajena, como si no te conociera, como si ya no estuviera para ti en tu vida.

Y en consecuencia tú ya empiezas a no estar disponible ni para él o para ella, y tu energía empieza a centrarse en otro lugar. Quizás no necesariamente con tu participación física en otras relaciones.

Pero de repente es como si tú comenzaras a recibir la energía y el interés que proviene de otras personas y cuando estás con ellos, das lo mejor de ti y dejas atrás tu descontento y tu nerviosismo. Estás sereno y por eso los demás responden positivamente hacia ti.

Querido lector, ten muy en claro este punto para tu relación de pareja:

En una relación, cuando el compromiso empieza a romperse, quiere decir que la relación está llegando a su fin a menos que actúes de manera energética para cambiar el destino.

Tú tienes el poder de gestionar las cosas de manera totalmente diferente.

Puedes aumentar el compromiso hacia la relación y la pareja, más contacto físico y liberarte de la irritación que sientes, avivar la atracción.

Pero tú debes ser capaz de identificar con precisión qué está ocurriendo entre ustedes.

Y créeme que es una magnífica oportunidad para mirar dónde estás ahora, comprender quién eres realmente. Toma una decisión y comprométete contigo mismo.

Céntrate en lo que desees:

Quiero recuperar la pasión, amo a mi pareja y valoro nuestra relación.

No existe la amenaza de estar a medias con un pie fuera y uno dentro.

Por eso si en tu relación existen fuertes dudas, ahora es el momento de aclararlas. Decide ya lo que vas a hacer comprometiéndote a fondo.

Porque si no abordas este punto, llegarás directo a la 5ta fase. Y es aquella en la que le echas a la pareja una serie de culpas como:

- No te importa nada de mí.
- Eres la persona equivocada para mí.
- Nunca debimos estar juntos.
- No consigo vivir así.

Ahí estás siendo demasiado egoísta. Todo el que busca encuentra.

Y si has construido la idea que no le importa a tu pareja nada de ti.

Que no te ama, que no te respeta, y si lo así lo crees, harás cualquier cosa para demostrarte que es verdad.

Somos capaces de pintar la realidad para adaptarla a la realidad que hemos construido de manera que satisfaga nuestras expectativas. Incluso si nuestras expectativas son negativas.

Por lo tanto debes estar atento a las historias que te vas construyendo, tanto si se refieren a ti mismo del tipo…- no soy bastante Bueno, o listo o fuerte. Como si te refieres a tu pareja.

Y si eres soltero, la cosa afecta de la misma manera.

Porque cuando eres soltero, es normal que al principio sientas atracción que no te provoque irritación tan fácilmente.

Pero si lo que quieres es pasión física constante.

Si deseas una relación estable y duradera, debes necesariamente comprometerte.

Si tomas conciencia y actúas correctamente siguiendo los pasos que te he dado de consciencia, la gratitud será enorme.

Ya para pasar al siguiente tema, quiero recordarte, amado lector, que la historia que te construyes define el modo en que te sientes, las emociones que sientes, forma de pensar es la relación en que vives cada día.

Hoy es el momento ideal que el poder está en tus manos, que puedes reescribir la historia de tu relación y de tu vida.

Encuentra la inspiración y actúa, realiza los pasos y las acciones importantes.

Toma un momento de reflexión y piensa, ¿cuál es la historia que me he construido sobre mi relación? Y si no tienes una, el único motivo para que no tengas una es que en realidad la historia que te estás contando haces tiempo es…. Que no puedes tener una relación.

Y si no tienes la relación que deseas, quiere decir que te estás contando una historia del tipo… no puedo tener éxito con las mujeres, estoy demasiado ocupado en el trabajo, no hay nadie que quiera estar conmigo y más cosas así.

¿Cuál es la historia que te impide tener lo que deseas?

¿Cuál es la historia que sí te sirve para motivarte, seguir adelante y avanzar?

Piensa y construye tu historia y empieza hoy.

Enamórate del amor.

EL PODER DE LA MEDITACIÓN

Te voy a hablar de los beneficios de la meditación y el poder que hay en ello.

Uno de los beneficios es que cambia la estructura biológica del cerebro que es igual a cambiar de tamaño.

Meditar significa:

Primero debes saber que la meditación no es concentración.

En la concentración hay un yo que se concentra y hay un objeto en el que nos concentramos. Hay una gran cualidad. En la meditación no hay nadie dentro, ni nada fuera, no es concentración, no hay división entre el interior y el exterior. El interior va fluyendo dentro del exterior, el exterior va fluyendo dentro del interior.

La demarcación, el límite, la frontera ya no existe. El exterior está fuera, el interior está dentro. Es una conciencia adual, por eso la concentración crea cansancio.

Por eso cuando te concentras acabas exhausto, y no puedes concentrarte durante 24 horas, tendrías que tomarte unas vacaciones para descansar.

La concentración nunca puede llegar a ser tu naturaleza.

La meditación no te cansa, no te agota, puede ser algo que se hace las 24 horas día tras día, año tras año. Esto se realiza cuando experimentas algo que te apasiona, es la relajación misma.

La concentración es un acto de voluntad, la meditación es un estado sin voluntad, es relajación. Uno simplemente se abandona a su propio ser y ese ser el mismo que el ser del todo.

En la concentración hay un plan, una proyección, una idea.

En la concentración la mente funciona partiendo de una conclusión de que está haciendo algo, la concentración surge del pasado.

En la meditación no hay ninguna conclusión detrás, no estás haciendo nada en particular, no tiene pasado, no está contaminada por el pasado, no tiene futuro.

Es lo que los grandes maestros dicen, «sentados sin hacer nada, la primavera llega y la yerba crece por sí sola.

La primavera llega y la yerba crece por sí sola, es el estado, cuando permites que la vida siga su camino, cuando no quieres dirigirla, cuando no quieres tener ningún control, cuando no le estás manipulando, cuando no estás imponiendo ninguna disciplina. Eso es meditación.

La meditación sucede en el presente. No puedes meditar, puedes estar en meditación. No puedes estar en concentración, pero puedes concentrarte.

La concentración es humana, la meditación es divina.

La concentración tiene un centro en ti, tiene un yo en ti.

De hecho, el hombre que se concentra mucho empieza a acumular un gran yo, empieza a hacerse más y más poderoso, se empieza a convertir más y más en una voluntad integrada. Parecerá más entero, más de una pieza.

El hombre meditativo no se vuelve poderoso, se vuelve silencioso, se vuelve pacífico. El poder se cera con el conflicto, todo poder surge de la fricción, de la fricción sale la electricidad, puedes crear electricidad con el agua cuando el río cae por la laguna de una montaña, ahí hay fricción entre el río y las rocas y es ahí que la fricción crea energía.

Por eso toda la gente que busca poder estar siempre luchando, la lucha crea energía. La energía y el poder siempre se crean a través de la fricción.

El mundo entra en guerra una y otra vez porque está demasiado dominado por la idea de poder.

No puede ser poderoso sin la idea de luchar.

La meditación trae la paz. La paz trae su propio poder.

Pero eso es un fenómeno completamente diferente.

El poder que resulta de la fricción es violento y agresivo, masculino, el poder que resulta de la paz es femenino.

Tiene su propia gracia.

Es poder pasivo, es receptividad, es apertura. No procede de la fricción, por eso no es violento.

Buda es poderoso en su paz y en su silencio. Es tan poderoso como una rosa, no como una bomba atómica. Es tan poderoso como la sonrisa de un niño. Muy frágil, muy vulnerable, pero no es poderoso como una espada.

Es poderoso como una pequeña lámpara de barro, como una pequeña llama resplandeciendo en una noche oscura. Es una dimensión totalmente diferente del poder.

Este es el poder que llamamos poder divino. Sale de la no fricción.

La concentración es una fricción donde luchas con tu propia mente, intentas enfocar la mente de una cierta manera, hacia una cierta idea, hacia un cierto objeto. Las fuerzas la agarras una y otra vez, la mente trata de escapar, huye, se extravía, empieza a pensar en una y mil cosas, y tú la coges nuevamente y la fuerzas, luchas contigo mismo, ciertamente se crea un poder, ese poder es tan dañino y tan peligroso como cualquier otro poder. Ese poder será usado de nuevo para engañar a alguien porque el poder que sale de la fricción es violento y lo que proviene de la violencia será destructivo.

El poder que surge de la paz de la no fricción, de la no lucha, de la no manipulación, es el poder de una rosa, el poder de una lamparilla, el poder de un niño sonriendo, el poder de una mujer llorando, el poder que hay en las lágrimas. Es inmenso pero no pesado.

Es infinito pero no es violento, la concentración te hará un hombre de voluntad, la meditación te convertirá en vacío. Eso es lo que Buda le dijo a Salputra, la meditación es la sabiduría del Más Allá. No puedes traerla, puedes pero estar abierto a ella.

No necesitas hacer nada para traerla al mundo, está más allá de ti.

Tienes que desparecer para que llegue, la mente tiene que cesar para que exista la meditación. La concentración consiste en forzar la mente, la meditación es un estado de no mente, la meditación es pura conciencia, la meditación, no tiene ningún motivo. La meditación es el árbol que crece sin semilla. Ese es el milagro de la meditación, su magia, su misterio.

La concentración tiene una semilla, te concentras con cierto propósito, hay un motivo, a diferencia de que la meditación no tiene motivo.

¿Entonces por qué hay que meditar si no existe ningún motivo?

La meditación solo aparece en la existencia cuando has examinado todos los motivos y los has encontrado carentes y has atravesado todo el círculo de los motivos y has visto su falsedad. Has visto que los motivos no conducen a ninguna parte y que sigues moviéndote en círculos, y sigues siendo el mismo.

Los motivos siguen y siguen llevándote y trayéndote y creando nuevos deseos.

Pero nunca se consigue nada.

Las manos siguen tan vacías como siempre. Cuando has visto esto y has observado tu vida y has visto fracasar todos los motivos.

Ningún motivo ha triunfado nunca, ningún motivo ha traído ninguna bendición a nadie. Los motivos te llevan a promesas y terminas siendo burlado.

Si estás meditando para algo, entonces estás concentrándote, no meditando.

Entonces estás todavía en el mundo y tu mente está concentrada en baratijas y en trivialidades.

Incluso si meditas para alcanzar a Dios estás en una parte mundana, o para alcanzar la nirvana también eres mundano porque la meditación es la comprensión de que los deseos mundanos no te llevan a ninguna parte.

Esto no es una creencia que puedas obtener de mí, de Buda o de Jesús.

Es conocimiento y puedes verlo ahora mismo.

Has vivido, has visto muchos motivos, has estado en medio de la confusión. Has pensado en qué hacer, en qué no hacer, y has hecho muchas cosas. ¿Y dónde te ha llevado todo ello?

Todo esto que te estoy enseñando acerca del significado de la meditación y el poder de meditar no significa, amado lector, que estés de acuerdo conmigo.

No tienes que creer en mí, simplemente te estoy dando a conocer un hecho al que no habías prestado atención.

Esto no es una teoría, esto es una simple formulación de un hecho muy simple.

Quizá porque es tan simple, esa es la razón por la que sigues pasándolo por alto.

La mente siempre está interesada en complejidades, porque con una cosa compleja se puede hacer algo.

Con un fenómeno simple, no se puede hacer nada.

A lo simple se le deja pasar y no se le presta atención.

Lo simple es ignorado, lo simple es tan obvio que nunca lo observas, sigues buscando complejidades.

La complejidad entraña un desafío, la complejidad de un fenómeno, de un problema, de una situación, te ofrece un desafío.

De ese desafío surge energía, fricción, conflicto.

Tienes que solucionar ese problema, tienes que demostrar que lo puedes solucionar cuando hay un problema, te sientes excitado por la posibilidad de probar algo, pero lo que yo te estoy diciendo ahora es un hecho simple, no es un problema. No te ofrece un desafío, simplemente puedes mirarlo o puedes evitarlo.

Es muy simple, ni siquiera puedes llamar la pequeña y calmada voz de tu interior, y ni siquiera susurra, simplemente está ahí.

Y puedes mirarlo ahora mismo, pero si no lo haces en ese mismo instante, entra tu mente a darte vueltas y empieza a atraer pensamientos y prejuicios, y estás en un estado filosófico con muchos pensamientos,

Entonces es el momento en que tú tienes que decidir qué está bien y qué está mal y ya ha empezado la especulación.

Ya has perdido el momento existencial, el momento existencial es ahora mismo.

Échale un vistazo porque eso es meditación. Ver la realidad de una cierta cosa, desde un cierto estado es meditación.

La motivación no tiene motivo, de ahí que no tenga centro.

Y como no tiene motivo y no tiene centro, no hay yo en ella. La meditación no funciona desde un centro, actúa de la nada.

Meditación es responder desde la nada.

La mente concentrada actúa desde el pasado. La meditación actúa en el presente desde el presente y es una respuesta pura al presente. No es reacción y no actúa según las conclusiones.

Actúa viendo lo existencial. Obsérvalo en tu vida, que hay una gran diferencia cuando te basas en conclusiones.

No puedes actuar con prejuicios, no puedes actuar con categorías encasillando a la gente, nadie puede ser encasillado.

Puede que te hayan engañado 100 comunistas, pero cuando conozcas al 101, no seguirás creyendo en la categoría que te has hecho en la mente.

Siempre que actúes basándote en conclusiones es la mente, cuando actúas en presente y no permites que ninguna idea obstruya la realidad, y que nada obstruya los hechos, cuando observas y actúas según lo que ves... eso es meditación.

La meditación no es algo que haces por la mañana y se acabó, es algo que tienes que seguir viviendo cada momento de tu vida. Caminando, durmiendo, estando sentado, hablando, escuchando. Tiene que convertirse en una especie de clima.

Una persona relajada permanece en el clima, una persona que va abandonando el pasado se mantiene en meditación, y recuerda... nunca actúes basándote en conclusiones, porque esas conclusiones son tus condicionamientos, tus prejuicios, tus deseos, tus miedos y todas esas cosas.

En resumen, no permitas que lo muerto anule a lo vivo, no permitas que el pasado influencie el presente, no permitas que la muerte domine tu vida. Eso es la meditación.

La meditación es un tipo de experiencia que te da una cualidad totalmente diferente para vivir tu vida.

Ya no vives como un dormido, simplemente con consciencia.

Cuando vives en el momento y no hay nada que interfiere, la intención es total porque no hay distracción y las distracciones provienen del pasado y del futuro.

Cuando la intención es total, el acto es total y no deja residuos.

Va liberándote, nunca te crea jaulas y nunca te aprisiona.

Esa es la meta última de Buda, eso es a lo que Él llama nirvana.

Nirvana significa libertad total, absoluta sin ningún obstáculo, te conviertes en un cielo abierto.

No hay fronteras en él, es infinito.

El ser humano es controlado por sus pensamientos subconscientes y no se da cuenta de la belleza que los rodea, se encuentra totalmente dormido. La meditación se convierte en la auténtica y absoluta medicina, la que nos permite sanarnos, no porque estemos enfermos, sino simplemente porque estamos dormidos.

La meditación es esa pequeña ventana que nos empuja lentamente hacia el despertar para poder vivir una vida plena, llena de alegrías y de sabiduría y de dicha.

Pero para lograrlo es muy necesario y muy importante desarrollar una disciplina. Porque igual que un músculo, la meditación se va ganando poco a poco con la práctica.

Lograr la meditación profunda no se logra de un día a otro y es muy importante repetirlo constantemente, para que todos podamos entenderlo.

Solamente a través de la práctica continua, la disciplina se puede lograr la meditación transcendental.

Si comprendemos el estado del ser humano y nos damos cuenta de que el mundo cada vez está más perdido en el sueño, la meditación, como te dije, amado lector, anteriormente, no nada más es la medicina sino que realmente se convierte en la única esperanza para salvar a la humanidad y al individuo en sí mismo.

Aquello en lo que pones atención se convierte en tu realidad.

La realidad que percibes es sobre el producto de aquello a lo que le pones atención.

Y si a eso le sumamos el hecho de que la mayoría del tiempo estamos totalmente dormidos y abstraídos, podremos decir que la vida es algo que simplemente le sucede al hombre común.

Sin embargo, la vida está aquí. Porque en el fondo de tu ser, tú has creado todas las circunstancias que te rodean, esto es algo básico e importante en el camino del autoconocimiento o por el camino espiritual.

La espiritualidad no es otra cosa que el autoconocimiento, y para podernos conocer realmente, necesitamos ser responsables y darnos cuenta de que todo cuanto hemos experimentado en nuestras vidas, tanto en el pasado como en el presente, es producto de nosotros mismos, tal vez esa idea es bastante extraña para las personas que apenas comienzan en este camino de autoconocimiento.

Pero la misma meditación nos va abriendo las puertas para darnos cuenta del poder que yace dentro de nosotros.

Y no es otra cosa que el descubrir a Dios en realidad esa fuerza misteriosa e increíble, se encuentra en lo profundo de tu ser.

Podríamos decir que el ser humano está constituido por miles, tal vez cientos de capas y cada una de esas capas es la que nos hace creer en lo que somos. Pero en la profundidad de esas capas yace la auténtica naturaleza del ser.

Y todas estas cosas, podemos comprenderlas y experimentarlas por nosotros mismos a través de la meditación.

Así que, amado lector, espero desde el fondo de mi Corazón que tu búsqueda sea auténtica y que en verdad te preocupes por hacer las preguntas correctas, las preguntas que siempre han existido, las únicas que valen la pena y que contienen las respuestas extraordinarias.

QUIÉN SOY

A DÓNDE VOY

Y PARA QUÉ ESTOY AQUÍ

La mayoría de estas personas que comienzan este camino del autoconocimiento, no lo hacen por una búsqueda verdadera, y eso también está bien. A veces lo hacen porque piensan o entienden que su vida no es lo que les gustaría que fuera, y entonces comienzan este camino para poder armonizarse, para poder estar mejor, así que no importa el propósito por el cual estás leyéndome, lo importante es que estás en la búsqueda de conocerte.

Por eso déjame felicitarte y abrazarte, porque si tienes este libro en tus manos es porque estás buscando trascender y evolucionar.

También quiero decirte que no todas las personas que están en este camino de autoconocimiento están completamente despiertas e iluminadas, al final del día todo son procesos y cada uno sabe su propio desarrollo, pero es muy importante que este camino, se realice con el Corazón, que se realice con autenticidad. Lo demás es simplemente algo que no nos interesa.

Entonces retomando el tema de la meditación profunda, lo más importante es que tu intención sea una intención correcta.

¿Y cuál es la intención correcta? Cualquier intención correcta es una intención honesta, es decir, que no podemos entrar al camino del autoconocimiento o de la meditación si buscamos algo que está en contra de este mismo principio. Esto significa, en pocas palabras, que un buen meditador tiene realmente el compromiso de conocerse a sí mismo y de comprenderse, de sanarse. Porque si estás en este camino simplemente porque suena muy bonito o porque piensas que está de moda, déjame decirte que no tienes ni idea de lo que estás a punto de abrir en tu vida.

Y aun así eres bienvenido.

Espero que tu vida sea transformada y realmente logres despertar y encontrar el Tesoro que yace dentro de tu Corazón.

Cada quien tiene una forma diferente de meditar. A algunas personas les cuesta mucho trabajo visualizar y se les hace más fácil sentir. Por lo tanto debes de ser consciente de que no solo existe 1 o 2 o 3, sino cientos de formas de meditar. Desde la meditación que se realiza en un espacio completamente tranquilo y en silencio, hasta la meditación que se puede realizar día a día mientras vas caminando por la calle, y vive su vida completamente tranquila.

La meditación te ayuda a mejorar, transformar y tener una vida alegre y en paz.

CUANDO TÚ CAMBIAS TODO CAMBIA

Quiero que te enfoques mucho en este tema que vas a leer a continuación, porque de aquí en adelante vas a descubrir algo maravilloso en tu vida, en tu entorno y en los resultados que vas a obtener una vez logres entender estos pasos y observarte y definir quién eres, cómo ha sido tu vida hasta ahora, y si no es lo que has querido vivir, vas a comprender por qué has vivido de este modo y cómo vas a cambiar esta realidad.

¿Me acompañas?

Prepárate para un verdadero cambio en tu vida.

Cuando somos pequeños, nacemos puros, inocentes, espontáneos, solo corremos, jugamos, vivimos la vida.

Todo es una Aventura, nos metemos en los charcos de barro, todo nos da igual, no le tenemos miedo a nada.

No existe ese juicio de lo Bueno o lo malo, lo que debe ser y lo que no debe ser, simplemente, hacemos lo que nos nace y lo vivimos al máximo.

Luego aparecen mami y papi con las mejores intenciones....

«cállate, eso no se hace, no te toques ahí que eso es malo".

Entonces empezaron a inhibirnos, a limitarnos, a frenarnos, a asustarnos por todo.

Nos enseñaron a censurar la sexualidad como si fuera algo sucio, o algo oscuro.

Cuántas veces tuviste la libertad de hacer algo y ser tú hasta que te dijeron que eso estaba mal. Y empezaste a creerlo.

Inclusive las personas que te lo dicen no lo hacen con mala intención.

¿A cuántos de nosotros nos castigaron, nos humillaron y hasta algún golpe por el mero hecho de ser?

¿Y qué ocurrió?

Que ese niño, espontáneo, alegre y feliz que simplemente se expresaba, de repente... el maestro o la maestra lo castiga por haber llegado tarde. Entonces aprendió a ser puntual y un controlador y no soporta que nadie llegue tarde.

No recuerda por qué, pero en su inconsciente ha reprimido esa bronca que le echaron cuando era un pequeño niño por llegar tarde y ahora es el más puntual, y se identifica con ser puntual y no tiene ni idea de que debajo de eso yace un miedo. Que si llega tarde no lo van a querer, pero inconscientemente no soporta a la gente que llega tarde. ¿Por qué?

Porque le está mostrando a esa parte que reprime y

todos nosotros hemos aprendido estrategias para que nos quieran.

Hay quienes aprendieron a volverse invisible y a que no lo vean.

Hay quienes aprendieron a ser el mejor y competir.

Hay quienes aprendieron a cuidar y complacer a papá y mamá y hacer lo que sea necesario y sacrificarse. Todo esto son mecanismos inconscientes.

Cada uno aprende aquello que le funciona en su seno familiar, y luego lo extrapola y lo lleva a su vida adulta, pero esas estrategias componen nuestra coraza, nuestra personalidad, y en algún momento de nuestras vidas aseguraron nuestra supervivencia.

Pero ¿dónde estamos en estos momentos de nuestras vidas?

Porque nos hemos identificado tanto con esa estrategia de supervivencia, que nos hemos creído que nosotros somos eso.

Alguien te dice desde niño que cantabas mal y ya te creíste el resto de tu vida que cantabas mal.

Pero cuando te abres, te das cuenta de que tú eres el todo.

Y que esa etiqueta que te habían puesto cuando eras niño de que tú eras tímido, o de que tú eres echado para adelante, o de que simplemente eres la estructura de tu ego. Y eso se deshace, porque tú no eres eso.

Tú eres todo.

¿Por qué te etiquetas y te limitas a ti mismo? ¿O por qué permites que lo hagan contigo?

¿Por qué te limitas a ser de una forma determinada que es tu zona de confort que es lo que has aprendido para poder sobrevivir socialmente.

Y la vida te pone escenarios, para reconocer esa estructura, egoica que nos mantienen encarcelados a esa forma de ser en la que nos sentimos seguros para que la soltemos.

En mi caso una de las cosas que repetía y repetía era llevar dinero a casa y luego darle dinero a mis parejas, y ese patrón se repetía porque en algún momento tuve reconocimiento de mis padres o de mi madre cuando yo empecé a llegar con dinero a mi casa. Y sentía que mi madre me quería cuando yo llegaba con dinero.

Entonces mi inconsciente creía que yo tenía que tener dinero para que me quisieran. Y así se reproducía y otra vez ese escenario.

Y en la otra polaridad recordándome que yo no tenía que dar dinero para que me quisieran porque ya yo era digna de amor tal y como soy.

Pero como crees que necesitas eso para que te quieran, la vida te pone un escenario para que te despojen de eso a lo que tanto te aferras para que lo sueltes.

Y tendemos a juzgar a la pareja como el malo o como el que me robó, y en realidad te está liberando de esa necesidad de comprar el amor y es tu maestro.

Siempre la persona que tenemos en frente es la que nos está enseñando a soltar esa estrategia que aprendimos para que nos quisieran.

Cuántos niños aprenden a llamar la atención de los padres dejando de comer.

Cuando dejó de comer, llamó la atención.

Es un acto inconsciente para llamar la atención de su madre, porque el resto del tiempo la madre está ausente.

Y hay quienes hasta anoréxicos o bulímicos se vuelven para llamar la atención, y la vida les pone una pareja que les presta atención a través de la comida, pero en realidad les está empujando a que suelte ese patrón disfuncional, porque solo funciona parcialmente, porque les lleva a experimentar desamor y solo cuando se empiezan a conectar con que son dignos de amor y no tienen que dejar de comer para reclamar atención inconsciente. Ahí es cuando empieza a funcionar la relación, o si no perpetúas el patrón disfuncional.

Cuando tomes consciencia de qué es lo que haces para ganarte el amor, y no es ayudar compulsivamente a la gente para ganarte el amor, y ¿cuánto protagonismo les das en tu vida a esas personas para ganarse el amor de ellos?

No desde una generosidad real, sino por estrategia que aprendiste desde niño o niña a ser buena o bueno. Pero no un dar real de Corazón porque yo te amo, sino un dar con expectativas porque luego viene el reclamo de mira lo que hice por ti. Mira todo lo que hago por ti y fíjate cómo me pagas, esto es a lo que yo le llamo (manipulación emocional) y ahí está reproduciendo la estrategia que funcionó cuando éramos niños.

Pero no nos damos cuenta de que la vida nos lleva a todos en el momento presente a soltar esa estrategia, esa coraza.

La vida te sana cada día. Porque detrás de todo eso que haces para que te quieran hay miedo, sientes pánico a no ser digno de amor si no haces eso. Pero la vida en su infinita perfección siempre te va a llevar y poner en frente a alguien que te va a llevar a que sueltes esa estrategia.

Hay típicos seres humanos que se hacen prescindibles para otros, solucionándoles todos los problemas a todos. Como temas laborales, temas económicos, y están listos a darlo todo.

¿Qué le pone la vida en frente?

Puros necesitados.

Alguien que no sabe hacer nada por sí mismo y que llega a exprimirlo.

Hasta que esa persona aprenda a no salvar a nadie desde sus miedos y desde su ego.

Y es cuando dicen que se aprovechan con todo lo que hacen por la otra persona. Y todo lo hiciste por miedo a no ser digno de amor, negándose a sí mismo, complaciendo y humillándose por el miedo a quedarse solo o sola.

Y la otra polaridad es dominar, controlar... tú haces lo que yo diga y te doy trabajo.

Cuántas parejas les dan dinero a sus mujeres o esposos a cambio de controlarlas y esclavizarlas, y pasan por Buenos porque son los que sostienen la familia.

Pero ya va siendo hora de que abramos los ojos y aceptemos que no sabemos amar.

Sabemos depender y no pasa nada porque todo es normal.

Somos inmaduros, estamos aprendiendo a amar, aprendiendo a sentir, conectándonos con nuestro poder pero tenemos ante nosotros una gran oportunidad.

¿Estás listo para conocer esa oportunidad y saber cómo aplicarla en nuestra vida?

Ok, vamos por ello y vamos a saberlo.

Vamos a despertarnos como colectivos y vamos a ver que el amor real es libre, es independiente, y el amor real da sin esperar nada a cambio.

El amor real es la aceptación plena del otro. Cuántos no le dicen a la pareja... ¿y tú qué haces por mí?

¿Tú crees que eso tiene algo que ver con el amor?

O no vas a encontrar a otro como yo.

O cuántos piden otra oportunidad.

Eso es falta de amor por sí mismo. La cantidad de barbaridades que puede cometer el ser humano por perpetuar una relación carente, basada en contratos de cobertura de necesidades.

Y cómo le gusta al ser humano caer ahí una y otra vez.

Pero la vida se encarga de sacudirnos con tanta fuerza, que nos obliga a verlo, y nos lleva a nuestra sanación.

Así que si estás solo porque saliste de una relación caótica y disfuncional, ¡¡¡¡felicidades!!!!!

Estás avanzando hacia nuestra libertad, hacia el amor por ti mismo.

Una persona que se ama se conecta con sus necesidades no con las del otro para cubrirlo y complacerlo.

Lo que necesites, ¡¡¡hazlo por tiiii!!!

Por qué por tu pareja pierdes tu vida por buscarle un regalo que él quiera o sales corriendo a complacerle sus necesidades.

Y por qué no lo haces por tiii, por qué no te entregas, por qué no te comprometes contigo mismo de la misma manera que te comprometes con el otro.

Y por qué le cedes una y otra vez tu poder personal al primero que pasa para hacerte feliz.

Ya es bastante, comprométete contigo mismo a amarte, a ponerte en primer lugar, a atender tus necesidades, a explorar tu autoconocimiento, a soltar la culpa, que no es más que alimento del ego. Y a conectarte con tu poder personal desde la aceptación de quién eres, y cuando te acepto, aceptas que no eres perfecto o perfecta.

Acepta tu dualidad, acepta que tienes miedos, carencias, inseguridades, que puedes meter la pata, que a veces no eres brillante. Permítete cometer errores.

Porque una persona que se ama, se abre a ser como es y se permite expresar su oscuridad en un momento dado sin culpas, sin pretensiones, sin esto debería de haber sido de otra manera.

¡No! ¡Así no!

Ámate, acéptate con tu vergüenza con tus errores y con tu imperfección.

Cuanto más te aceptes y más te ames como un ser total, como el ser real.

No pretendas ser perfecto, elimina esa ansiedad y esa angustia de pretender ser ideal.

Permítete sentir tu ira, tu rabia, tu malestar, tu frustración. No niegues tus emociones.

Permítete vivir en coherencia y decir que sí cuando piensas que sí y decir que no cuando piensas que no y ser quien eres.

Tienes derecho a tener un mal día, y a sentirte irritable.

Por qué piensas que si lo haces perfecto te quieren más. Acéptate con tu oscuridad y con todas tus carencias.

Hay una gran liberación cuando te permites ser tú y eso hace parte de ti.

El permitirte ser como eres es algo que está ahí dentro de ti.

Un paso gigante que vas a dar es aceptar tus carencias, aceptar que sientes envidia, aceptar que sientes lo que sea que sienta el ser humano.

No es nada malo, forma parte de la experiencia humana tener un ego y tener oscuridad.

Cuando tú observas que en ti existen miedos o algo que tú juzgues como negativo, y tienes la capacidad de integrarlo y aceptarlo, entonces ahí puedes trascender, si no aceptas que eso está en ti entonces lo que vas a hacer es verlo en los demás.

Y empiezas a ver los errores en ellos, y todo lo que juzgues en los demás y veas mal, son partes no sanadas de nosotros mismos.

Y en la medida que te permites ser tú con tu todo y aceptas que en ti hay carencias, empiezas a ser compasivo con los demás. Y empiezas a aceptar y a ver que todos somos inocentes, porque todo el mundo hace lo que puede. Y si te chocas con alguien es porque las dos carencias entran en conflicto.

Y recuerda que la vida es tan sabia que te pone en frente y junto a aquellos que su estrategia de supervivencia entran en conflicto y es precisamente para que la sueltes.

Porque eres un niño herido que no dejaron ser, y siempre te dijeron que todo era malo, que era pecado, que estaba mal, que así no era.

Y te imponen una educación que al final vas a otro país y es completamente distinta, te negaron y te quitaron la posibilidad de ser completamente espontáneos, alegres puros, inocentes y como debe de ser.

Por eso de ahora en adelante, vas a soltar las cosas que debes hacer y vas a hacer lo que tú quieres desde la honestidad personal, y empieza a hablarte bien hacia ti mismo, el diálogo interno.

No más frases destructivas para ti mismo, elimina frases como, es que soy un desastre, no me lo merezco, siempre lo hago mal.

Es muy importante que observes el diálogo disfuncional que tienes hacia ti mismo.

Si alguien se sienta junto ti y habla mal de sí mismo, tú lo ves normal, pero si alguien llega y te dice... yo soy una fantástica persona, soy maravilloso, genero magia, soy grande... ¿¿¿Qué es lo primero que te viene a la cabeza???

Déjame decirte que eso no es ego, eso es lo que en verdad somos.

Fíjate bien que cuando escuchas a alguien que habla bien de sí mismo, como que somos divinos, somos una extensión del universo, somos una divinidad.

Pero cuando alguien se dice a sí mismo esto en voz alta, lo primero que opinan los demás es.... Pero ¿qué se ha creído este?

¿Quién se ha creído que es? Es un hijo de DIOS, igual que tú.

Pero cuando alguien llega a quejarse, a lamentar su situación y a hablar con lástima de sí mismo, que se culpe.

Eso parece normal y ahí no es ego, sino humildad según tus creencias.

Pero no confundas ego con humildad.

La humildad real es quien sabe cómo es la vida, de quien reclama su herencia, de quien se sabe digno heredero del universo.

Esa es la humildad real.

No significa que nadie sea mejor que tú o peor, pero sabes quién eres en tu corazón y sabes que eres un ser maravilloso, porque no puede ser de otra manera. Y sabes que eres un 100 pero tenemos la tendencia de calificarnos como un 10% cuando en realidad eres un 100. Eres tan poderoso, eres tan inmenso, eres tan magnífico, pero no lo crees. No crees en tu grandeza, no crees en tu magia, tu fuerza, tu potencia, tu poder.

¡¡Tú lo puedes todo!!

En el momento en el que ese velo de miedo, esas carencias, se cayese y pudieras conectar con ese ser todopoderoso que eres en esencia, cómo no vas a amarte.

Es imposible que no te ames cuando sabes quién eres.

Así que déjame recordarte tu grandeza, y que no hay ninguna estrategia egoica que merezca comprar el amor, porque ya tal y como eres digno de amor.

Por favor, créetelo, céntrate en tu corazón y repítete que eres digno de amor, tal y como soy, y repítelo cuantas veces quieras.

No le permitas nunca a tu ego que te diga que estás mal que necesitas un psiquiatra, que necesitas ayuda. Eso es lo que te digo del diálogo interno.

No permitas esa voz interior que te diga que te falta, porque no te falta nada, ya eres todo.

Cuando tú te aceptas, como consecuencia derivada de que tú te aceptas, empiezas a cambiar, pero empiezas a cambiar de una forma, sutil.

Cuando tú sientas que tal y como eres estás bien, es cuando vas a empezar a cambiar y a vibrar en el amor hacia ti mismo o hacia ti misma.

Pero si actúas desde el miedo y desde que tienes que mejorar por complacer a la sociedad.

La sociedad es la que te machaca y lo ha hecho desde que eras un niño,

Pero cuando aceptas lo que eres, de ahí va a empezar tu cambio.

Si tú tienes en tu Corazón la voluntad de dejar de ser aquello que reconoces que eres, pero te aceptes a ti misma, entonces desde ahí puedes empezar a cambiar.

Si lo reprimes se va a hacer más grande, si lo juzgas como algo malo, no lo integras, no lo trasciendes.

Nada es malo ni bueno, es lo que tú aprendiste para sobrevivir.

Todos hacemos lo que podemos, pero solamente desde la Asunción de que eso está en ti lo puedes sanar, pero si lo niegas, le das más fuerza y aparte si lo niegas y lo reprimes, vas a juzgarlo.

Recuerda que todo lo que juzgamos es lo que nos está mostrando la parte de nosotros que reprimimos.

Toma un papel y un pluma y sé honesto contigo mismo, porque a veces nos contamos cosas que no queremos, nos autoconvencemos de cosas que no queremos para no sentir, nos autoengañamos, nos convencemos de algo para perpetuar patrones en nuestra cabecita.

Cuantas veces te has negado tu verdadero sentir y la conexión con tu cuerpo.

Entonces vas a recuperar la honestidad, y vas a ver si realmente lo que estás haciendo es porque quieres, o llevas la vida que realmente quieres, si te sientes bien con ello o te hace feliz.

Debes conectarte contigo mismo, con tu sentir, y vas a encontrar lo que deseas de una forma maravillosa en vibración.

Por eso es importante que manejes el desapego y aprendas a soltar y a abrirte a la confianza de que vas a estar a salvo. Porque te prometo que estarás a salvo.

Y cada vez que te abres a sentir y a escuchar tu Corazón y a hacer las cosas porque quieres, quizás tu mundo Viejo se tambalee, pero se desplegará un mundo de luz, de magia, de color para ti porque está ahí, esperándote.

No tengas miedo a sentir, no tengas miedo a ser tú, no tengas miedo a hacer las cosas que sientes y que quieres.

Preséntate con alguien y habla de tu grandeza, de tu generosidad y de lo enorme que eres.

Conéctate con la belleza de tu ser interior.

Vas a hacer un ejercicio y te vas a repetir esto todos los días frente a tu espejo antes de irte a la cama y al comenzar el día.

ME COMPROMETO AL 100 CONMIGO MISMO,

A AMARME Y RESPETARME, A ESCUCHARME EN PRIMER LUGAR Y MANTENER ESTE COMPROMISO CONMIGO MISMO.

NO VOY A VOLVER A NADA QUE NO ME APETEZCA POR OBLIGACIÓN O SEA LO QUE SE ESPERA DE MÍ.

A PARTIR DE AHORA DIRÉ QUE SÍ, CUANDO PIENSE QUE SÍ, Y NO, CUANDO PIENSE QUE NO, SIN MIEDO A QUE NO ME ACEPTEN SI NO HAGO LO QUE ESPERAN DE MÍ.

ATENDERÉ MIS NECSIDADES Y APETENCIAS, PARA PODER ESTAR LLENO DE AMOR Y REALMENTE DESDE ESE ESPACIO DE RESPETO Y CUIDADO CONMIGO MISMO(A) PODER COMPARTIR DE FORMA REAL.

PONDRÉ LÍMITES A TODOS AQUELLOS QUE ME INVADAN, ABUSEN O ABRUMEN CON SUS ESPECTATIVAS SOBRE MÍ.

NO HE NACIDO PARA COMPLACER A NADIE, NI SATISFACER LAS EXPECTATIVAS DE NADIE.

LO HARÉ CON ACERTIVIDAD Y FIRMEZA.

ME COMPROMETO CONMIGO MISMO A NO VOLVER A CAMBIAR SEXO, DINERO, TIEMPO,

CUIDADOS POR AFECTO.

A PARTIR DE AHORA SI DOY LO HAGO DE CORAZÓN.

SIN ESPERAR NADA A CAMBIO Y DE FORMA SANA.

SE ACABÓ LA MIRADA EXTERNA, A PARTIR DE AHORA ESTOY EN MI CENTRO Y PONGO EL FOCO EN MÍ, YA NO ESPERO NADA DE NADIE.

SUELTO LA CULPA PARA SIEMPRE.

SE ACABÓ EL SENTIRME CULPABLE.

ME COMPROMETO A HABLARME BIEN A MÍ MISMO.

A SUSURRARME PALABRAS LINDAS.

A DECIRME COSAS LINDAS Y A RECORDARME TODOS LOS DÍAS QUE SOY MUY VALIOSO.QUE SOY DIGNO DE AMOR.

QUE MEREZCO TODO LO BUENO QUE LA VIDA TIENE PARA MÍ.

YA NO LE PERMITIRÉ A NADIE CULPARME O DECIRME QUE DEBERÍA HACER LAS COSAS DE OTRA MANERA.

DEL MISMO MODO QUE YO NO JUZGO A NADIE.

LO HICE LO MEJOR QUE PUDE.

ESO ES PASADO Y YO VIVO EL PRESENTE.

NO LE PERMITO A NADIE QUE INFRAVALORE

O QUE ME HABLE DE LO QUE HICE MAL EN EL PASADO.

TODO ESTÁ BIEN CONMIGO, ME AMO, ME ACEPTO

CON MIS LUCES Y MIS SOMBRAS, DEL MISMO MODO QUE

ACEPTO A LAS PERSONAS SIN INTENTAR CAMBIARLAS.

NO TENGO QUE GANARME EL AMOR PORQUE YA SOY AMOR.

ME COMPROMETO CONMIGO MISMO A RECORDARLE AL MUNDO A CADA PASO QUE SOY AMOR Y POR TANTO EL TAMBIÉN ES AMOR Y ES EQUIVALENTE A MÍ.

NO SOY MEJOR NI PEOR QUE NADIE,

SOY UNA DIVINIDAD PORQUE MI ESENCIA ES DIVINA AL IGUAL QUE TODAS LAS DEMÁS PERSONAS.

ME COMPROMETO A SER YO

DE MODO QUE CONTAGIE A OTRAS PERSONAS CON MI NATURALIDAD.

DE MODO QUE TAMBIÉN SE PERMITAN SER.

ME COMPROMETO A ACEPTARME PLENAMENTE Y A ENAMORARME DE MÍ.

ASÍ MISMO ME LIBERO DE LAS NORMAS Y CONVENCIONALISMOS SOCIALES.

Y ME DOY PERMISO PARA HACER LO QUE DESEE SIEMPRE Y CUANDO NO DAÑE A NADIE, INDEPENDIENTEMENTE DE MI EDAD O MI CONDICIÓN.

ME VISTO COMO QUIERO

HAGO LO QUE QUIERO

VOY DONDE QUIERO Y

SIMPLEMENTE SOY YO.

EXPRESO LO QUE PIENSO Y SIENTO SIN INVADIR A LOS DEMÁS CUANDO ALGO ME MOLESTA.

DE MODO QUE LE DOY LA OPORTUNIDAD DE COMPRENDER AL OTRO LO QUE ME PASA ANTES DE QUE HAYA UN CONFLICTO.

PONDRÉ EL FOCO EN MÍ Y ME CONVERTIRÉ EN MI PRIORIDAD.

ME COMPROMETO CONMIGO MISMO A AMARME, A RESPETARME, A CONOCERME, Y A ENAMORARME DE MÍ.

Y ME CONVERTIRÉ EN MI PRIORIDAD.

YO SOY BELLO, PODEROSO, ABUNDANTE, MAGNÍFICO Y DIGNO PARA GENERAR UNA REALIDAD ARMÓNICA EN MI ENTORNO.

EN ARAS DE MI PODER INTERIOR, DE MI MAGIA, DE MI PAZ, AGARRO MI CENTRO DE PODER Y ME COMPROMETO CONMIGO MISMO A NO VOLVER A CEDERSELO A NADIE NUNCA MÁS.

PORQUE YO SOY

HE VENIDO A BRILLAR

Y VOY A ILUMINAR EL MUNDO DESTILANDO AMOR A PARTIR DE HOY.

YO SOY EL PODER CREADOR ALINEADO AL AMOR YO SOY.

YO SOY DIVINA PRESENCIA

YO SOY.

CÓMO CONECTAR CON TU SER SUPERIOR.

Aquí encontrarás mucha información sobre cómo conectar con tu ser superior, así si has llegado hasta aquí, amado lector, quiere decir que estás avanzando mucho en tu crecimiento y conocimiento para tu desarrollo espiritual y personal.

Vamos juntos descubrir tu verdadero ser.

Tu ser superior es la clave para conocerte a ti mismo, y descubrir cuál es tu camino en la vida y cuál es tu propósito.

Aprender a conectar con él, se hace de las mismas formas para conectar con tus guías.

Simplemente diriges tu conexión hacia otro tipo de energía.

Pero las respuestas son igual de válidas.

Nuestros guías también tienen esa información pero muchas veces consultan primero al ser superior si deben o no transmitirla.

El ser superior está disponible para una conexión siempre que el consciente lo desee y estés preparado, pero no interferirá con tu libre albedrío para hacerse notar o para influenciar tu vida.

Para poder conectarte con tu ser superior debes evolucionar espiritualmente y saber que eres un alma y espíritu valioso más allá de tu cuerpo.

En caso contrario, la conciencia de tu cuerpo se identifica con el ego y la personalidad como si aquel fuera el todo yo.

Te voy a ofrecer varias pautas para que puedas conectar con tu ser superior y esto pueda realizarse.

El primer paso es creer que tienes un ser superior con quien establecer comunicación. Entonces ten la expectativa de que esta comunicación mejorará cada día conforme te enfocas diligentemente en el crecimiento interno.

Si en estos dos prerequisitos esenciales, es difícil lograr cualquier cosa en la vida, incluso en el nivel físico.

Estas dos cualidades son esenciales para el crecimiento, interno.

Así que establece una meta para lograr contactar con el ser superior, revisa esa meta y mantén tu propósito con determinación hasta que el éxito sea tuyo.

Para establecer un contacto cercano con los reinos espirituales, necesitamos que todo nuestro ser, ya sea consciente o subconsciente,

Sea congruente con nuestra meta. En cualquier actividad o meta principal, tienes que establecer las reglas del juego y las normas de cómo se juega.

Contactar con tu ser superior es lo mismo, por lo tanto busca maestros que expandan tu comprensión del universo. Fundamentalmente como un reino de consciencia.

Busca regularmente un tiempo para ti en el cual puedas estar completamente solo, preferiblemente un lugar tranquilo.

Simplemente siéntate en silencio sin expectativas.

No hagas nada.

Esto puede parecer incómodo y extraño al principio pero debes persistir.

Le estás dando tiempo y espacio a la voz interna para que se haga escuchar.

Lo harás ya sea en ese tiempo tranquilo o durante los eventos del día.

Ocurrirá un momento sincrónico y alguien te dirá exactamente lo que necesitas escuchar.

Vas a obtener un destello de intuición.

En la meditación trabajas para disciplinar a tu mente y para silenciar la charla interna que siempre la llena.

En la meditación se crea un recipiente limpio y puro para que lo llene el ser superior.

Seguir tu respiración es una disciplina de meditación excelente. O visualizar una esfera de luz a tu derecha que inunda todo tu cuerpo con energía y curación.

Hay muchas prácticas que puedes estudiar y usar.

Registra tus sentimientos, emociones, sueños e intuiciones todos los días.

Esto te ayudará a entrar en un contacto más estrecho con tus profundidades intuitivas.

Puedes hacerle preguntas a tu ser superior en dichos registros y luego verificar cualquier intuición o respuesta que recibas.

Si haces esto regularmente con fe,

recibirás las respuestas que necesitas.

Conduce regularmente un diálogo interno con tu ser superior, durante los próximos 40 días, decide mantenerte en contacto todo el día.

Dile a tu ser superior... yo sé que estás allí y quiero conocerte y ponerte atención, por favor comienza a guiar mi vida, no te preocupes si no recibes respuestas al principio.

Recuerda que has estado fuera de contacto durante décadas.

Sé persistente con este diálogo interno como si hablaras con un amigo, haciéndole preguntas, compartiéndole tus esperanzas y comenzando a escuchar las respuestas que llegarán tarde o temprano.

Cree que todos los eventos de tu vida, las situaciones y las personas han sido estructurados precisamente con el fin de enseñarte exactamente lo que necesitas saber ahora.

Cuando algo suceda en tu vida, para bien o para mal, pregúntate cual es la lección para ti.

Incluso situaciones o personas desagradables, que han sido puestas deliberadamente allí como reto que te ayude a crecer.

Al comenzar a ver tu vida como una obra en la que tú estás jugando el papel principal, el Ser superior se volverá mucho más evidente en tu vida.

Espera que tu ser superior te hable en sueños. Antes de dormir, haz algunos estiramientos y relaja tu cuerpo completamente. Pregúntale algo a tu ser superior y espera la respuesta.

Cuando te levantes, recuerda lo que puedas de tus sueños y regístralos.

Si no estás acostumbrado a recordar tus sueños, esto te tomará tiempo y persistencia. Sin embargo, con paciencia, comenzarás a recordar tus sueños y recibirás respuestas de tu ser superior.

Enfócate en vivir más en el presente, en el ahora. Cuando estés comiendo, sé consciente de que estás comiendo, cuando camines, sabes que estás caminando. El único momento real es el ahora, el pasado se ha ido para siempre y el futuro aún no ha llegado.

Por lo tanto trabaja en limpiar tu mente de preocupaciones, ilusiones y extrapolaciones.

Limpia el desorden de la mente y crea un espacio para que lo llene el ser superior.

Recuerda que pudiste haber pasado toda tu vida sin contactar con la fuente divina. Por lo tanto toma tiempo en como reestablecer contacto.

Todo lo que vale la pena toma tiempo y práctica.

Permanece vigilante y practica estos pasos cada día y vas a recibir las respuestas que necesitas.

Recuerda que el Ser superior quiere estar en contacto, de hecho el simple hecho de hablar de EL cómo alguien separado de ti es contradictorio.

El Ser superior eres tú, tu verdadero Ser, así que ponte en contacto contigo, recuerda que todos estamos conectados a lo divino y cada uno de nosotros individualmente, está conectado a través de su Ser superior.

Él está en tu interior, aunque a veces no lo sintamos no quiere decir que no lo tengamos.

El Ser superior es una parte de ti mismo y solo busca que cumplas esos objetivos que te propusiste.

Confía en tu fuerza interior y practica los ejercicios que te he dado para que puedas conectar con tu Ser superior.

Gracias, gracias, gracias, amado lector, por continuar en estas páginas conmigo...

LO QUE SUCEDE CON TUS PALABRAS.

«POR LA PALABRA DE DIOS FUERON CREADOS LOS CIELOS, Y POR EL SOPLO DE SU BOCA LAS ESTRELLAS... PORQUE ÉL HABLÓ, Y TODO QUEDÓ FIRME».

JUAN 33:6,9

En este capítulo, quiero que nos enfoquemos en el poder de tus palabras.

Todo el día estamos hablando y la mayor parte de lo que decimos es inconsciente.

Nuestra mente es una computadora que va grabando todo lo que estamos hablando y lo que pronunciamos a diario.

Las palabras tienen energía y vibración y recuerda que el Universo funciona por ley de atracción y todo lo que hablamos, lo atraemos y lo materializamos.

Vamos a ver qué sucede con tus palabras una vez salen de tu boca. Y hay que tener cuidado porque una vez salen ya no regresan, o mejor sí regresan, pero ya materializadas.

Hoy tú estás donde estás, en parte por lo que has dicho de ti mismo.

Las palabras son como semillas, cuando tú hablas algo, le das vida a lo que dices. Si lo dices continuamente al final se vuelve una realidad.

Sea que lo notes o no, estás profetizando tu futuro.

Así que cuando te dices a ti mismo que eres bendecido, que eres fuerte, estoy saliendo de mis problemas, no es solo ser positivo, estás profetizando Victoria, éxito, nuevos niveles y tu vida avanzará en la dimensión de tus palabras.

Desafortunadamente la mayoría de la gente anda profetizando lo opuesto.

Es temporada de gripe siempre me da, nunca obtengo cabios Buenos, nunca estaré en forma otra vez. No te aflijas si todo lo que hablas es derrota. Es como si todo el tiempo llamaran adversidades, mediocridad y escasez a sus vidas.

La Biblia dice... «comeremos el fruto de nuestras palabras"

Tú plantas palabras cuando hablas, en algún punto tú comerás de ese fruto.

Así que asegúrate de plantar las semillas correctas, si quieres manzanas, planta semillas de manzanas, si quieres naranjas, no puedes plantar semillas de cactus.

Tú cosecharás frutos de las semillas exactas a las que estás sembrando.

Es decir que no puedes hablar negativamente y esperar vivir una vida positiva.

No puedes hablar de derrota y esperar tener Victoria.

No esperes tener abundancia si todo el tiempo hablas de escasez.

Si tienes una boca pobre, vas a tener una vida pobre.

Si ahora mismo no te gusta lo que estás viendo en tu vida, entonces empieza ya mismo a sembrar semillas diferentes.

En vez de decir... es que nunca me aliviaré, esta enfermedad ha estado en mi familia 3 generaciones.

Pero si por el contrario, hablas con afirmaciones positivas y de fe con Dios está restaurando mi salud, esta enfermedad no vino para quedarse. Va a pasar, estoy mejorando día tras día.

Sigue sembrando esas semillas y finalmente comerá el fruto.

Tendrás salud plenitud y Victoria.

Repite palabras de fe. Todo lo que toco prospera. Entro en la abundancia. Siembro semillas de aumento, semillas de abundancia.

Repite: la gente correcta me busca, tengo más que suficiente, las bendiciones me siguen a mí, tengo el favor de Dios, nuevos niveles están en mi futuro.

Si tú siempre hablas así, recogerás cosechas de cosas buenas.

Con nuestra lengua podemos bendecir nuestra vida o la podemos maldecir, decía Santiago en la Biblia.

Muchos no entienden que con sus palabras maldicen su futuro.

Pero ahora que ya lo sabes, vas a eliminar esas

palabras de maldición de tu boca.

Revisa cómo hablas y dime si estás maldiciendo tu vida o la estás maldiciendo.

Bendice tu vida, profetiza cosas buenas.

Cada mañana antes de salir de casa, mírate en el espejo y di: Buenos días, persona espectacular.

Las palabras las usamos en todo momento y las soltamos sin pensar. La mayoría de las personas hablan sin saber ni siquiera lo que están diciendo, o dicen cosas y no ponen atención a las palabras que usamos.

De niños nos enseñaron gramática y a usar las palabras según las reglas gramaticales.

Pero las reglas gramaticales van cambiando, lo que es incorrecto en una época, es correcto en otra y viceversa, lo que se considera vulgar, pasa a ser después de uso común.

Pero lo que la gramática no toma en cuenta es el sentido de las palabras y el efecto que tiene en nuestras vidas. ¿De qué manera tienen efecto en nuestras vidas las palabras?

La elección que tienes en las palabras tiene que ver con las experiencias que vas a tener en tu vida.

Nunca en la escuela nos enseñan que nuestros pensamientos son creadores, que nuestros pensamientos van a dar forma en nuestra vida, nadie nos enseñó que lo que damos retorna a nosotros.

Tienes que recordar que hay que tratar a los demás como quieres que te traten a ti. Porque lo que damos se nos devuelve.

Nadie nos dijo que éramos dignos de ser amados, nadie te dijo que tú merecías el bien, y nadie te enseñó que la vida está aquí para sustentarte.

Recuerdo mi infancia, que en mi familia, mi madre nos hablaba con palabras hirientes, y entre nuestros hermanos nos hablábamos igual.

Ahora veamos de dónde aprendimos a comportarnos así.

Muchos de nuestros padres no sabían el daño que nos hacían con sus palabras.

Pero no sabíamos que éramos niños buenos, y que al recibir esas palabras negativas, tomaríamos esos hábitos y nos trataríamos a nosotros mismos de igual manera.

Pero ahora que ya tenemos claro que solo somos el producto de cómo os hablaron y la forma que nos enseñaron a hablar, podemos cambiar todo nuestro destino.

Nos programaron nuestra mente y de ahí nuestras palabras obteniendo los resultados actuales.

Así que a partir de hoy empezamos a hablar palabras de Victoria.

Empieza ya a profetizar cada día con tus palabras la realidad que quieres vivir mañana.

Gracias, gracias, gracias por querer transformar tu vida y estar leyéndome, ya que me estás ayudando a contribuir a dejar un mundo mejor.

Millones de gracias.

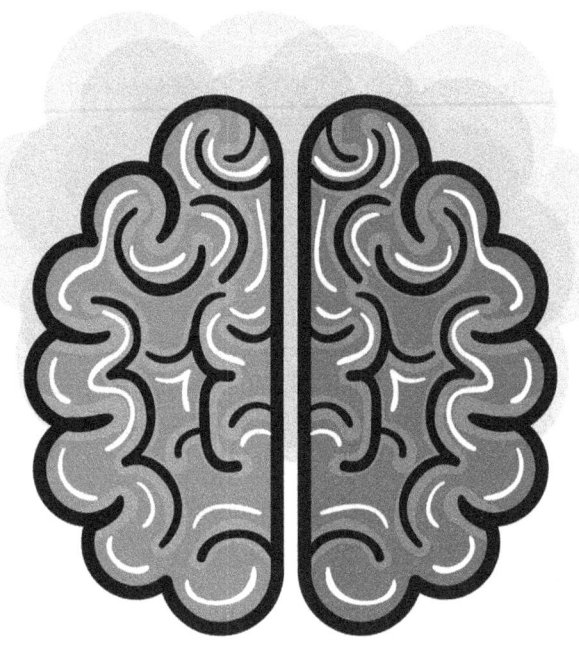

SABIDURÍA Y CONOCIMIENTO

Quiero compartir estos dos temas contigo, ya que aquí vamos a diferenciar lo que es sabiduría y conocimiento.

Hace unos años empecé a preguntarme cuál era la diferencia entre sabiduría y conocimiento.

He leído muchos libros sobre sabiduría y adopto el conocimiento como parte de mis experiencias personales.

Pero antes de seguir, quiero nuevamente agradecerte, amado lector, por continuar leyendo este precioso libro que escribí con tanto amor pensando en ti, y así también tú me estás ayudando a mí a cumplir con mi propósito de vida, porque el propósito mío es dejar mi nombre grabado en ti y poder ayudarte a tener una vida mejor porque yo también superé obstáculos y pude salir de todos las situaciones difíciles que puede vivir un ser humano.

Pero si sigues este camino conmigo y me dejas ayudarte, te prometo que tu vida cambiará.

> «Así que tengan cuidado de su manera de vivir,
> no vivan como necios, sino como sabios,
> aprovechando al máximo cada momento oportuno
> porque
> los días son malos».
>
> EFESIOS 5:15-16

La sabiduría proviene de Dios, por tanto el hombre sabio es quien tiene a Dios en su interior

Los hombres sabios llevan 3 valores muy arraigados que son

LA FE.

EL AMOR.

LA HUMILDAD.

Vamos profundizar este tema.

Lo primero que tenemos que hacer es creer en nuestro ser Supremo, en lo que quieras tú creer, pero creer que existe un ser supremo y que a partir de hoy vamos a tener un contacto especial con Él.

Es que te voy a explicar algo...

El conocimiento tú lo puedes comprar, pero la sabiduría no.

La sabiduría viene de nuestro interior. La sabiduría se produce en el espíritu y esta se reproduce cuando tú empiezas a autorealizarte, y autorealización significa la realización del espíritu.

Dime algo... ¿tú ya conoces tu misión en esta vida?

¿Eres feliz?

Porque la bendición más grande que puedes tener en tú vida es tu felicidad y esa bendición es la que genera una conexión con Dios, y esa conexión es la que hace que tú cada vez vayas desarrollando más tu sabiduría.

La sabiduría mezcla tu inteligencia con el amor de Dios.

Si tú logras mezclar tu inteligencia con el amor de Dios, ahí es donde te conviertes en una persona sabia.

Y ten claro algo muy importante; el sabio nunca es el que más sabe, el sabio es el que mejor vive sin importar qué tanto sabe. Es el que vive feliz.

Debes hacer una reflexión diaria, y nunca tomar ninguna decisión sin antes hablar con Dios.

Esto lo hacen los sabios.

Cuando tú tengas esa comunicación con Dios, ahí vas a desarrollar tu poder interno. Y a ese poder es lo que le llamo conectarse con la inteligencia de Dios que es lo mismo que la inteligencia infinita.

Y cuando te conectas con la inteligencia de Dios es cuando nace la inspiración.

La palabra inspiración significa estar en el espíritu.

Cuando tú logras inspirarte es cuando tú haces lo que te apasiona, lo que te gusta, y es ahí donde empiezan a llegar las ideas, porque la creatividad viene de la inspiración.

Entonces es cuando tus ideas empiezan a llegar, ahí empiezas a actuar de una forma como iluminada.

Ahí empiezas a brillar con luz propia. Empiezas a ver que todo se te va dando, y ahí es donde empieza el poder de Dios a bendecirte y a marcarte el camino y a organizarte la ruta.

¿Has escuchado una frase que dice que el dinero atrae el dinero?

Y esto sucede por la paz y la tranquilidad que la persona siente que lo tiene. Así que lo que lo atrae es la calma y la seguridad.

Una persona amargada, envidiosa, chismosa, no atrae nada positivo y es lo contrario a una persona sabia.

Una persona sabia no tiene rencores, resentimientos, envidias, siempre está feliz por el progreso de los otros.

Esta es la gran diferencia con el conocimiento. Una persona que compra conocimiento y se llena de conocimiento, llega un momento en que él quiere más y más y más, porque ahí es donde se mueve el ego, y el ego se alimenta del poder, del control, o del dinero.

Y cuando una persona no aprende a manejar el ego es ahí donde no logra crecer ni triunfar ni progresar.

Tú tienes un poder dentro de ti y es un poder divino, y es un poder de tu conciencia.

La conciencia es una facultad del espíritu, es el poder de su voluntad.

La voluntad es una facultad de la conciencia, de la voluntad nace la disciplina. Una persona sin disciplina no triunfa, sin conciencia tampoco.

El poder divino que llevas dentro es el poder que alimenta tu mente y el poder de la mente es cuando Dios está dentro de ti.

Recuerda que Dios no castiga ni premia nadie. Eres tú

mismo el que te castigas o te premias de acuerdo con los actos que tú ejerces en la vida.

Esos actos de acciones, de pensamientos o de sentimientos, son los encargados de que tú te castigues o te premies.

Confucio definía al Alma como la suma de las acciones que el ser humano tiene.

Si tú actúas bien es porque tienes un alma pura, pero si estás actuando mal, pues ya conoces la respuesta.

Entonces esto ha quedado claro, que nos castigamos es con nuestra inteligencia y la inteligencia es la forma como resolvemos nuestros propios problemas.

El inteligente es quien sabe resolver los problemas como son.

Así que uno mismo se castiga o se premia de acuerdo a nuestra voluntad. Y la voluntad es el arte de aprender a parar a tiempo porque en la vida debemos aprender a controlar los impulsos. Porque si no se controlan los impulsos absolutamente nadie triunfa en la vida.

Debes aprender a ir despacio, ser cauteloso y frenar a tiempo en una situación de conflicto.

Ahí está la respuesta de castigo y de premio. Uno mismo castiga el cuerpo o el poder interior si no sabemos frenar algo a tiempo.

Porque todo funciona por unas leyes y esas leyes no fallan.

Ejemplo, si tú maltratas las leyes de la salud, entonces llega la enfermedad. Y lo peor de todo es que tu principal enemigo eres tú mismo porque al no alimentarte de una forma sana para evitar la enfermedad, estás dañándote tú mismo.

Lo mismo pasa cuando maltratas la ley de la prosperidad, cuando la maltratas pues llega la pobreza, y el dicho de la ley de la prosperidad es: LLEVE A DIOS COMO SOCIO DE SUS NEGOCIOS.

Si tú logras aprender a creer más en ti mismo y a vivir más con sabiduría, automáticamente estás llenando esa paz interior que tú necesitas.

Por eso cuando maltratas la ley de la sabiduría que es la que genera los vacíos afectivos.

Un espíritu que está lleno del amor de Dios es un espíritu que no necesita de nada ni de nadie para ser feliz.

Pero cuando el espíritu está vacío del amor de Dios y no tiene luz divina, cuando no tiene luz propia, entonces ese espíritu empieza a buscar sustancias externas o personas externas para poder ser feliz.

Y es ahí donde muchos acuden a las drogas, al alcohol. Y estas personas buscan sentirse bien por un momento, pero si logran llenar el espíritu del amor de Dios, automáticamente la vida les empieza a cambiar.

Piensa en esto:

Cada vez que tú hagas tu trabajo, tus actividades y todo lo que hagas durante el día con la ideas de servir a Dios, todas las leyes.

universales sintonizan a favor tuyo y ahí llega tu felicidad.

La felicidad es tu decisión, tú decides ser feliz ¿cuándo? ¡¡Yaa!! ¡¡Hoy!! Decide ser feliz ahora mismo, no esperes a mañana, vive el hoy, el aquí.

Las personas que fracasan son las que continuamente viven cargando con su pasado.

Así que ya sabes, amado lector, que tu felicidad depende de tu actitud.

La persona que triunfa en la vida, disfruta lo que tiene y no hay conflictos internos. Y el que no disfruta lo que tiene son los fracasados porque cualquier persona que se sienta fracasada tiene problemas con su paz interior.

Pero si tú valoras lo que tienes, agradeces por lo que tienes, ves a todos con amor, entonces eres una persona sabia y feliz y esto te llevará al éxito.

Y ya para terminar este precioso libro que tienes en tus manos y que te lo escribo con todo mi amor, quiero recordarte lo que es la sabiduría.

La sabiduría es la conexión de tu inteligencia con el amor de Dios.

Y todas las acciones de las personas se mueven por la voluntad, así que es tu voluntad ser una persona sabia.

Quiero agradecerte profundamente el haberme acompañado hasta aquí y compartir conmigo estas páginas.

Millones y millones de gracias.

Te amo,
Sol

Trilogía LIBÉRATE

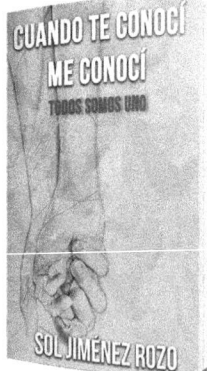

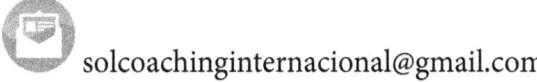 solcoachinginternacional@gmail.com

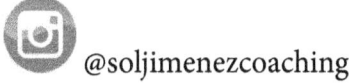 @soljimenezcoaching

 Sol Jiménez Coach y Conferencista

 @soljimenezcoach

¿Puedo pedirte un favor?

Si te ha gustado el libro, ¿podrías sacarte una fotografía y compartirla en tus redes sociales y mencionarme?

El propósito de la trilogía Libérate es ayudar a personas en su proceso de transformación hacia una vida más plena y de mejor calidad.

Si deseas ir más allá con tu apoyo a la trilogía, solo tienes que entrar en Amazon, buscar este libro y dejar tu opinión junto al número de estrellas que creas oportuno. Este sencillo gesto me será de gran ayuda.

Gracias, gracias, gracias

Continúa leyendo

CUANDO TE CONOCÍ ME CONOCÍ
TODOS SOMOS UNO

SOL JIMÉNEZ ROZO

www.ingramcontent.com/pod-product-compliance
Lightning Source LLC
Chambersburg PA
CBHW022007100426
42738CB00041B/728